Bernd Brehm

Somalia – Deutschland: Hurra, hurra, wir fahren nach Berlin

Bernd Brehm

Somalia – Deutschland: Hurra, hurra, wir fahren nach Berlin

Rediroma-Verlag

Bibliografische Information der Deutschen Nationalbibliothek:
Die Deutsche Nationalbibliothek verzeichnet diese Publikation in der Deutschen Nationalbibliografie; detaillierte bibliografische Daten sind im Internet über http://portal.dnb.de abrufbar.

ISBN 978-3-98527-729-2

Umschlagillustration: hxdyl (shutterstock.com)

www.rediroma-verlag.de
7,95 Euro (D)

Für Kerstin

Inhalt

Der Beginn einer Reise

Die große Fahrplananzeige in der Wartehalle des Hauptbahnhofs Hildesheim zeigte, dass der ICE in zehn Minuten nach Berlin abfahren würde. Abi war auch schon vor Ort. In knapp zwei Stunden sollte eine mehrjährige Reise seinen Höhepunkt erreichen. In Braunschweig im Erstaufnahmelager für Flüchtlinge begann die Reise von Abi auf deutschem Boden mit der Registrierung als Flüchtling. Mit dieser Zugreise ging es für ihn nun für ein Wochenende nach Berlin – und zwar als deutscher Tourist.

Abi kam 2014 nach Deutschland. Er überwand weite Strecken aus Somalia auf dem Landweg nach Deutschland, um Asyl zu erbitten. Mit nunmehr Anfang dreißig konnte er – sieben Jahre später – die deutsche Hauptstadt nach einer nur zweistündigen Zugreise erleben.

Freudestrahlend stand er in der Wartehalle des Hildesheimer Hauptbahnhofes. Er hatte in den letzten Monaten viele schöne und auch erfolgreiche Momente erlebt. Das war in den letzten Jahren nicht immer so gewesen. In seiner Tasche trug er jetzt einen deutschen Personalausweis und einen deutschen Reisepass bei sich – er war eingebürgert worden. Außerdem hatte er seinen Meisterkurs im Handwerk als Bachelor Professional mit guten Noten abgeschlossen.

Die Wochenendreise hatte Abi von meiner Frau und mir geschenkt bekommen. Wir wollten ihn noch einmal richtig in Deutschland willkommen heißen. Ich wollte ihm insbesondere zeigen, dass die letzten Jahre, seit ich Abi kennengelernt hatte, auch für mich bei jedem Treffen mit ihm spannende und sehr gewinnbringende Momente waren. Immer wieder gab es Situationen, in denen ich seine Energie bestaunt hatte, etwas aus seinem neuen Leben in Deutschland zu machen, und wie er in schwierigen Phasen Resilienz bewies.

Inzwischen fuhr der ICE am Gleis ein. Wir bestiegen den Zug. Nach der üblichen Unruhe bei der Sitzplatzsuche durch die neu zugestiegenen Fahrgäste im Abteil erfolgte die Abfahrt nach Berlin. Abi las und durchblätterte mehrere Berlin-Reiseführer, die er in seinem Rucksack mitgebracht hatte, und surfte immer wieder mit seinem Handy im Internet. Ich freute mich einfach still und leise auf die Reise.

Nach der Bahnhofsausfahrt konnte durch die Fenster des Zuges die Bauhaus-Schule neben den Gleisen gut erblickt werden.

2014 – das Kennenlernen

Nach einigen Telefonaten und E-Mails mit der Bauhaus-Schule in Hildesheim war ich von der Klassenlehrerin Frau Uberfrau, gut gekleidet – fast ein wenig wie eine Geschäftsfrau – Mitte 50, morgens gleich zur ersten Unterrichtsstunde eingeladen worden. Frau Uberfrau leitete eine besondere Klasse, eine sogenannte „Willkommensklasse". Diese Klassen wurden in der Regel von 20 Schülerinnen und Schülern, die erst kürzlich nach Deutschland gekommen waren, besucht. In diesen von vielen unterschiedlichen Muttersprachen geprägten Klassen soll Deutsch als Fremdsprache von den jungen Menschen erlernt werden und damit der Übergang in die unterschiedlichen Schulformen des deutschen Schul- und Ausbildungssystems erleichtert werden. Außerdem versuchten die Lehrenden regelmäßig die wichtigsten kulturellen Besonderheiten Deutschlands zu vermitteln. Nach einem sehr kurzen Kennenlerngespräch zwischen Frau Uberfrau und mir war ich gebeten worden, im Nebentrakt der Bauhaus-Schule vor ihrem Klassenraum zu warten.

Junge Menschen ganz unterschiedlicher Herkunft liefen nach und nach an mir vorbei und begaben sich in den Unterrichtsraum. Einige Meter von mir entfernt stand ein junger Mann, der offensichtlich aus Afrika stammte und schätzungsweise Mitte zwanzig Jahre alt und vielleicht ca. 165 cm groß war. Es war – wie sich herausstellte – Abi. Zu dem Zeitpunkt unseres ersten Treffens war er sehr schlank, fast etwas hager, und er hatte bereits eine sehr hohe Stirn. Später über die Jahre hinweg hatte er durchaus an Gewicht zugelegt.

Er trat noch nicht in den Klassenraum ein. Aufgrund seines Alters war er offensichtlich auch nicht mehr schulpflichtig in Deutschland.

Später erfuhr ich, dass die Willkommensklasse der Bauhaus-Schule zu dieser Zeit noch Aufnahmekapazitäten hatte und Abi dadurch den Unterricht besuchen durfte, obwohl er in seinem Alter nicht mehr schulpflichtig war. In einem eher zufälligen Gespräch mit einem Vertreter eines lokalen Asylhilfevereins hatte sich Abi vor seinem Besuch der Willkommensklasse sehr interessiert gezeigt, eine Schule besuchen und vor allem Deutsch lernen zu wollen. Somit kamen zwei glückliche Situationen zusammen. Die Bauhaus-Schule suchte noch Schüler für ihre Willkommensklasse und Abi zeigte einem engagierten Mitarbeiter des Asylhilfevereins, dass er lernen wolle. Der Asylhilfeverein half bei der Schulanmeldung. Ein Jahr später wäre es dazu vermutlich nicht mehr gekommen. In 2015 war der Höhepunkt der sogenannten Flüchtlingswelle in Europa, die immer wieder mit den Worten der deutschen Kanzlerin, Angela Merkel, verbunden wurde: „Wir schaffen das."

Zu dieser Zeit waren sehr viele Menschen nach Deutschland geflüchtet, die anfangs sehr freundlich, fast euphorisch, von der Mehrheit der Deutschen begrüßt worden waren. Viele Deutsche halfen den ankommenden Menschen ehrenamtlich.

Frau Uberfrau kam auf das Klassenzimmer zu, Abi ging ebenfalls in den Raum, und der Unterricht konnte beginnen. Ich wurde kurz in der Form vorgestellt, dass ich interessiert sei, Menschen, die nach Deutschland gekommen waren, kennenzulernen und auf ihrem weiteren Weg unterstützend zu begleiten.

Dann sollte sich jede Schülerin und jeder Schüler vorstellen. Die jungen Menschen verteilten jeweils eine, oftmals ihre allererste, Power-Point-Präsentation als Papierausdruck. Die Präsentation sollte bereits als Hausaufgabe in den letzten Tagen im Computerraum der Schule erstellt werden und nun bei der Eigenvorstellung mit eingesetzt werden. Nach und nach erfuhr ich dabei etwas von der Vielfalt, die diese jungen Menschen mit nach Deutschland brachten. Mehrere Schülerinnen und Schüler kamen aus Polen. Teilweise war deren Deutsch schon recht gut zu verstehen. Ihre Eltern waren kürzlich aus beruflichen Gründen nach Deutschland gekommen, Pflegekräfte, Handwerker und Monteure sowie Lkw-Fahrer oder IT-Fachkräfte und Lehrer. Daneben saßen zwei junge Mädchen aus dem Irak, Schwestern. Für mich zur Überraschung waren sie westlich gekleidet. Später hörte ich einmal, dass beide eine Ausbildung im Friseurhandwerk durchlaufen haben. Dann gab es mehrere Schülerinnen, die sich mit Kopftuch und gar mit Schleier in den Klassenraum setzten. Einige junge Schüler kamen außerdem aus unterschiedlichen arabischen oder aus afrikanischen Ländern, zum Beispiel aus dem Sudan. Ganz nebenbei begriff ich, welcher Herausforderung sich Frau Uberfrau stellte. Einige der jungen Menschen hatten in ihren Heimatländern bisher keine oder nur sehr wenig Schulausbildung erfahren, sodass sie auch in ihrer Muttersprache nicht lesen und schreiben konnten.

Dann kam Abi an die Reihe. Er stand sofort auf, fast sprang er auf, und stellte sich zur Klasse gewandt auf und trug einige Sätze auf Deutsch zu seinem Lebensweg vor. Er war etwas nervös, jedoch fiel das nur bei sehr genauem Beobachten auf. Geboren war er in der Nähe der Küstenstadt Kismaayo im Süden von Somalia. Wie viele andere Menschen aus Somalia floh er vor den oftmals gewalttätigen Auseinandersetzungen zwischen den Clans, die das Land Somalia beherrschten. Als Angehöriger eines kleineren Clans war es für ihn besonders schwer, sich gewalttätigen Übergriffen anderer Clans zu entziehen. Er schilderte vor allem kurz, wie er durch mehrere Länder Südosteuropas in der Regel zu Fuß unterwegs gewesen war, um nach Deutschland zu kommen. Auf seinen Folien, die er uns überreichte, hatten sich auch einzelne englische Worte eingeschlichen. Sein Englisch war wirklich gut, was sich später immer wieder zeigte. Besonders erfreute mich bei seinem kurzen Vortrag, dass er auch betonte, er wolle in Deutschland etwas lernen, vielleicht sogar später Architektur oder Bauingenieurwesen studieren. Diese beiden Wörter hatte er bereits in gutem Deutsch ausgesprochen.

Frau Uberfrau sagte zum Ende meines Unterrichtsbesuches, dass Schülerinnen oder Schüler, die Interesse hätten, sich mit mir zu treffen, von ihr an mich vermittelt werden könnten.

Ein paar Tage später meldete sich Frau Uberfrau tatsächlich und sagte, dass Abi sich gerne mal mit mir treffen würde. Wir verabredeten uns per E-Mail, auf Englisch, in einem Bistro in der Nähe des Hildesheimer Bahnhofes.

Abi war auf das Gespräch gut vorbereitet. Er brachte zum Beispiel seine Unterlagen zu seinem Asylantrag mit. Bei der kurzen Sichtung der Unterlagen sprach ich ihn auf seinen besonderen Geburtstag hin an, 1. Januar, ein Neujahrskind. Mit dem Wort konnte er zu diesem Zeitpunkt nichts anfangen. Für mich war es allerdings lustig bei der Gelegenheit zu erfahren, dass alle Flüchtlinge im Erstaufnahmelager in Braunschweig als Geburtsdatum den 1. Januar eingetragen bekommen hatten. Nur das jeweilige Geburtsjahr wurde korrekt aufgenommen, soweit bekannt. Nicht in jedem Herkunftsland war es üblich, dass ein Geburtsdatum registriert wurde. Die Mitarbeiter in diesem Aufnahmelager mussten in kürzester Zeit viele Daten erfassen und hatten nicht die ausreichend flexible IT-Unterstützung bei der Erfassung zur Verfügung. So kam es, dass viele in Braunschweig ankommende Menschen durch einen administrativen Vorgang plötzlich zu einem Neujahrsgeburtstagskind wurden.

Sehr schnell versuchte Abi, mir gegenüber möglichst viele Fragen zu stellen, um ansatzweise das Ausbildungs- und Studiensystem in Deutschland zu verstehen. Er hatte bereits verstanden, dass es in Deutschland so etwas wie eine Ausbildung, das Duale Ausbildungssystem, gab und es nicht unbedingt erforderlich sei, an einer Hochschule zu studieren, um später einen qualifizierten Beruf auszuüben. Für mich war das vielfältige System nicht ganz einfach darzustellen. Wichtig war mir jedoch zu unterstreichen, dass es gut sei, Schritt für Schritt vorzugehen und mit Engagement sicherlich in sechs bis sieben Jahren ein wirklich sehr guter Bildungs- und Ausbildungsweg abzuschließen sei. Abi erkannte bereits in diesem Gespräch, dass er dauerhaft lernen müsste und das – anders als bei einer Reihe deutscher junger Menschen – ohne finanzielle und mentale Unterstützung seiner Eltern. Eine anstrengende lange Zeit lag vor ihm.

Deutsch lernen, eine Ausbildung machen, über die Ausländerbehörde einen Aufenthaltstitel zu erwirken und das alles in einer fremden Umgebung. Viele Herausforderungen, die gemeistert werden mussten. Als ich die Liste vor mir liegen sah, dachte ich: Das werden intensive Jahre. Darüber hinaus kam die Sorge um seine Familie, die weltweit verstreut lebte, über die Jahre hinweg immer wieder auf.

Internationale Familien

Im ICE wurde es an einem Nebentisch unruhig. Offensichtlich saß dort eine vierköpfige Familie auf Kurzurlaubsreise, in der der Vater Englisch als Muttersprache sprach und die Mutter Spanisch. Die zwei Kinder, zwei ungefähr zehn- bis zwölfjährige Mädchen, redeten abwechselnd beide Sprachen und untereinander Deutsch. Vermutlich hatten sie Deutsch in der Schule seit ihren Einschulungen gelernt. Nach und nach nahm das internationale Sprachengewirr am Nachbartisch ab und alle Familienmitglieder schliefen ein.

Die Familie von Abi war in ganz anderer Form international. Einen entspannten Wochenendausflug mit der kompletten Familie kannte Abi nicht und wird vermutlich solch einen Ausflug auch nie erleben.

Abis Vater war bereits seit vielen Jahren in Kenia. Er lebte in einem großen Flüchtlingscamp, welches von einer amerikanischen NGO-Organisation betrieben wurde. Tausende von Menschen aus Somalia lebten nach ihrer Flucht bereits seit Jahren in diesem oder in vergleichbaren Camps. Manche Camps waren besser, manche schlechter organisiert. Abi machte die Einteilung von besser oder schlechter immer davon abhängig, ob und wie umfangreich medizinische Versorgung angeboten wurde. Abis Vater war krebskrank und benötigte regelmäßig ärztliche Betreuung und vor allem Chemotherapien. Diese Therapien wurden von ehrenamtlich arbeitenden amerikanischen Ärzten in diesem Camp für einige wenige kranke Menschen durchgeführt. Offensichtlich war das Camp in der guten Lage, eine umfangreiche auf Spenden beruhende Finanzierung zu haben. Das war nur bei sehr wenigen Flüchtlingscamps in Afrika gegeben.

Wenn Abi von den Rahmenbedingungen in der Krankenstation in diesem Flüchtlingscamp in Kenia hin und wieder erzählte, war ich froh, in Deutschland zu leben und das deutsche Gesundheitssystem nutzen zu können – und das trotz der relativ guten Ausstattung des Camps, in dem Abis Vater lebte. Es gab sicherlich auch in der Zeit viel Kritik im Detail am deutschen Gesundheitssystem. Doch für Menschen in weiten Teilen Afrikas war die Wahrscheinlichkeit, eine gute medizinische, auch nur ansatzweise mit dem deutschen System vergleichbare Versorgung zu erhalten, jederzeit eine Art Lotterie.

Patienten in dem Camp, in dem Abis Vater lebte, erhielten zum Beispiel keine Unterstützung von Krankenschwestern oder -pflegern. So mussten Verwandte oder enge Freunde der kranken Menschen die Verpflegung sicherstellen und jede erforderliche körpernahe Pflege vornehmen. So lebten Abis Mutter und seine jüngere Schwester bereits ebenfalls seit Jahren in diesem Camp, um dem erkrankten Ehemann und Vater zu helfen. Im Umland des Camps mussten beide Frauen mit Hilfstätigkeiten Geld verdienen, um Nahrungsmittel für Abis Vater und sich selbst kaufen zu können. Abi lebte ebenfalls eine Zeit lang in diesem Camp. Hier hatte er auch Englisch sprechen gelernt. Immer wieder reiste er außerdem wochenlang weiter nach Tansania, um dort in Hotelanlagen für internationale Gäste zu arbeiten. Oftmals hatte er dort in den Wäschereien der Hotels eine bezahlte Beschäftigung gefunden. Nebenher konnte er hier sein Englisch noch weiter verbessern. In den Hotels wurde im Personalkreis untereinander englisch gesprochen und mit den Gästen sowieso. Es gehörte viel Fleiß dazu, in solch einem arbeitsintensiven Umfeld eine fremde Sprache nebenher weiter zu erlernen.

Abis ältere Schwester lebte in der Nähe von Chicago in den USA. Sie hatte ebenfalls eine gewisse Zeit in dem beschriebenen Camp ihren kranken Vater unterstützt. Dabei lernte sie einen Amerikaner kennen, der ehrenamtlich als Lagerlogistiker und Lkw-Fahrer vor Ort im Camp einige Wochen arbeitete. Dieser Amerikaner war ursprünglich gebürtig aus Somalia und unterstützte die NGOs in seinen Urlaubszeiten. Abi erzählte mir einmal, dass er sich riesig gefreut habe, als seine Schwester diesen Amerikaner mit somalischer Herkunft heiratete und dass er inzwischen dreimaliger Onkel sei. Alle fünf, seine Schwester, sein Schwager sowie die drei Neffen, wohnten lange Zeit in den USA in einer Gegend, in der viele Menschen aus Somalia eine zweite Heimat gefunden hatten. Die drei Neffen wurden in den USA geboren und waren somit gleich amerikanische Staatsbürger. Seine Schwester musste recht lange auf die neue Staatsbürgerschaft warten.

In Telefonaten mit seiner Schwester ging es auch immer wieder darum, ob die US-amerikanische Präsidentschaft von Donald Trump nun alle Hoffnungen auf die amerikanische Staatsbürgerschaft zunichte machen könnte. Das politische Vorgehen Trumps führte bei vielen Menschen mit Migrationshintergrund zu Verängstigungen. So gab es wohl große Unsicherheit bei Abis Schwester, wie ein Verkehrsdelikt, ein von der US-amerikanischen Polizei registriertes einmaliges zu schnelles Autofahren von ihr, gewertet würde. Vergleichbare Vergehen bzw. Fehler führten gelegentlich in einigen Bundesstaaten der USA dazu, dass eine angestrebte Einbürgerung nicht zustande kam. Mit einiger Verzögerung erhielt Abis Schwester kurz vor dem Ende der Präsidentschaft Trumps letztendlich die US-amerikanische Staatsbürgerschaft.

Emotional sehr schwankend waren Abis Erzählungen zu seinem älteren Bruder. Er lebte seit Jahren in Südafrika. Sein Bruder zog, beziehungsweise floh, mit seiner Frau und seinem kleinen Sohn nach Südafrika, um dort vor Ort als eine Art Allround-

Handwerker zu arbeiten und Geld zu verdienen. Wenn die wirtschaftliche Lage in Südafrika über eine längere Zeit gut war, lebten Abis Bruder und seine Familie offensichtlich gerne in Südafrika. Sie hatten dort viele Freunde gefunden. Jedoch gab es über die Jahre hinweg immer wieder Phasen mit großen wirtschaftlichen Problemen im Land. Diese lösten dann auch Anfeindungen und Rassismus gegenüber Menschen aus, die nicht in Südafrika geboren waren. So war auch Abis Bruder schon mehrfach offen angefeindet und gar auf offener Straße geschlagen worden. Mal waren es Südafrikaner mit weißer, mal mit schwarzer Hautfarbe, die sich gewalttätig zeigten. Niemand hatte in solchen Situationen die örtliche südafrikanische Polizei eingeschaltet.

Ganz bitter habe ich ein Treffen mit Abi vor Augen, als er mir von seinem besten gleichaltrigen Jugendfreund erzählte. Dieser Jugendfreund war in Abis Gefühlswelt fast wie ein Zwillingsbruder für ihn. Dieser Freund hatte es ebenfalls geschafft, nach Europa, nach Großbritannien, zu flüchten, und erhielt sogar die britische Staatsbürgerschaft. Seine allererste Reise als britischer Staatsbürger führte ihn nach Mogadischu, der Hauptstadt von Somalia. Er wollte dort seine Eltern nach vielen Jahren wiedersehen. Bereits in der ersten Nacht seines Besuchs in Mogadischu gab es im Hotel, das er gebucht hatte, einen Anschlag. Ein Selbstmordattentäter tötete mehrere internationale Gäste in dem Hotel. Auch Abis Jugendfreund starb bei diesem Attentat. Nachdem mir Abi vom Tod seines Freundes berichtet hatte, erzählte er nie wieder von ihm. Er wollte offensichtlich diesen Verlustschmerz alleine verarbeiten.

Abi hatte seit seiner Flucht nach Europa seine Familie über die Jahre hinweg noch nicht wiedergesehen. Pläne, seine Eltern in Kenia im Flüchtlingscamp zu besuchen, hatte er immer wieder verschieben müssen. Auch die Folgen der Corona-Pandemie ließen internationale Reisen einfach nicht zu. Allerdings war es gut zu sehen, wie IT- und kommunikationstechnische Lösungen eine gewisse Nähe zu weit entfernt lebenden Familienangehörigen schaffen konnten. Jeden zweiten Sonntag skypte Abi mit seinen Eltern. Mit seiner in Amerika lebenden Schwester gab es einen regen Austausch mittels Messenger-Diensten.

Der ICE fuhr zunächst Richtung Wolfsburg weiter. Leider war die Fahrgeschwindigkeit zeitweise für einen Hochgeschwindigkeitszug recht langsam. Es fanden Gleisarbeiten statt. Solche Gleisarbeiten zogen sich oft sehr in die Länge. Es fehlten in Deutschland Fachkräfte, insbesondere Handwerker, die solche Arbeiten zügig voranbringen konnten. Die wenigen Handwerker an den Gleisen waren bei ihren Arbeiten teilweise recht gut aus dem fahrenden ICE durch die Zugfenster zu beobachten – so langsam fuhr der Zug streckenweise.

Süchtig nach Bildung und Ausbildung

In den ersten Monaten nach unserem Kennenlernen trafen Abi und ich uns regelmäßig. Es entstand dadurch nach und nach eine Freundschaft. Wir gingen dabei in der Regel am späten Freitagnachmittag in unterschiedlichste Hildesheimer Restaurants oder Cafés. Schön war es mitzuerleben, dass Abi sich in der Restaurantatmosphäre von Mal zu Mal wohler fühlte und die kleinen Auszeiten genießen konnte. Den jeweiligen Bestellvorgang meisterte er nach einiger Zeit souverän. Manchmal hatte es gar lustige Züge, wenn Abi am Rande anmerkte, dass die Servicekräfte bei der Aufnahme der Bestellung beim Sprechen grammatikalische Fehler gemacht hätten oder die Aussprache einen Akzent aufweisen würde. Er wollte dann raten, welche Muttersprache von der jeweiligen Servicekraft gesprochen wurde. Hin und wieder stellte sich dann heraus, dass es auch deutsche Dialekte waren. Vor allem in den Cafés waren viele der Servicekräfte Studierende aus anderen Bundesländern Deutschlands, die an einer der Hochschulen in Hildesheim eingeschrieben waren und in der Gastronomie jobbten.

Eine weitere Besonderheit beim Essengehen in Restaurants hatte Abi lange Zeit nicht ablegen können. Zu jedem Essen, egal, ob es ein schnell zubereitetes Nudelgericht oder ein aufwendig frisch zusammengestellter Salatteller war: Er musste eine

Cola als Getränk dazu bestellen. Auf meine Frage hin, warum er immer diesen Softdrink bestellen müsse, meinte er, als er noch in Afrika lebte, stellte er sich vor, in Europa oder in Amerika in einem Straßenbistro einer größeren Stadt zu sitzen und einfach eine Cola zu genießen.

Bei einem unserer Treffen nach ungefähr einem Jahr in Deutschland kam Abi freudestrahlend an den Tisch. Er hatte einen Ausbildungsplatz gefunden. Er wollte eine handwerkliche Ausbildung als Maurer in einem kleinen Bauunternehmen machen. Das kam seiner Idee, vielleicht irgendwann als Architekt oder Bauingenieur zu arbeiten, am nächsten. Ein Praktikum, was ihm seine Lehrerin Frau Uberfrau von der Bauhaus-Schule vermittelt hatte, hatte ihm die Möglichkeit eröffnet, im Anschluss einen Ausbildungsvertrag zu unterschreiben. Im Praktikumszeugnis, was er mir einmal zeigte, stach vor allem der Hinweis auf sein Bestreben, die baufachlichen deutschen Vokabeln zu lernen, heraus. Das musste wohl auch seinem Chef im Bauunternehmen so positiv aufgefallen sein, dass dieser meinte, Abi könne auch dem Unterricht in der Berufsschule folgen. Selbst das Wort Wasserpumpenzange konnte Abi bereits nach seiner Praktikumszeit aussprechen. Das, sagte er mir mal am Rande, sei eine Art Sprachtest gewesen, den ein Kollege mit ihm im Spaß durchgeführt hatte. Ich selbst wusste zunächst gar nicht, was das für ein Werkzeug sein sollte. In der Ausbildungszeit stellte sich dann auch wirklich heraus, dass die deutschen Sprachkenntnisse von großer Wichtigkeit waren, um dem Unterricht überhaupt folgen zu können und die Aufgabenstellungen in der Berufsschule richtig zu verstehen. Eine Reihe anderer Flüchtlinge, die ebenfalls die Berufsschulen besuchten, lernten durchaus sehr schnell im Betrieb die handwerklichen praktischen Tätigkeiten. Allerdings scheiterten diese jungen Menschen immer wieder an den nicht ausreichenden Deutschkenntnissen für den Berufsschulunterricht und brachen die Ausbildung daraufhin ab. Das war für diese Menschen eine Enttäuschung, zumal mit einer abgeschlossenen Ausbildung auch in der Regel ein deutscher Realschulabschluss einhergeht, und sicherlich auch für die Ausbildungsbetriebe ernüchternd, die ihren Fachkräftebedarf im Handwerk häufig auch gerne mit zugewanderten jungen engagierten Menschen decken wollten.

Die Ausbildung machte Abi Spaß. Doch nach einiger Zeit merkte ich, dass ihn etwas bedrückte. Wie sich herausstellte, wollte der kleine Ausbildungsbetrieb ihm offenbar überraschenderweise kündigen. In den ersten Schilderungen von Abi hörte ich heraus, dass ihm vorgeworfen wurde, an einem Balkon eines Hausneubaus die Holzverkleidung falsch montiert und damit hohe Kosten verursacht zu haben. Ich fragte mehrfach nach, ob es noch weitere

Schwierigkeiten geben würde. Nach einigem Zögern vertraute er mir an, dass sein betreuender Meister und verantwortlicher Ausbilder versuchte, ihn aus dem kleinen Bauunternehmen hinauszudrängen. Teilweise nahm das offensichtlich sogar Züge von Mobbing an.

Nachdem ich das gehört hatte, bot ich Abi an, mit dem Firmeninhaber zu sprechen. Er willigte ein. Ich bekam bereits nach wenigen Tagen die Möglichkeit, das Gespräch zu führen. Ich teilte dem Firmeninhaber mit, dass ich ehrenamtlich Flüchtlinge auf dem Weg ins Berufsleben begleite und Abis Mentor sei. Was sich im Gespräch verdeutlichte, war eine Mischung aus Ernüchterung und Enttäuschung.
Oder einfach die nackte Wahrheit: Der Firmeninhaber führte aus, dass Abi hoch engagiert auf den Baustellen, auf denen er eingesetzt wurde, anpackte und es sich abzeichnete, dass er eine wirklich gute Gesellenprüfung ablegen könnte. Das führte allerdings letztendlich dazu, dass insbesondere sein Meister und Ausbilder befürchtete, auf Dauer einen betriebsinternen Konkurrenten zu haben. Es stand wohl sogar die Drohung im Raum, dass der Meister kündigen und zu einem anderen Bauunternehmen wechseln würde. Für den Firmeninhaber war das eine sehr kritische Situation, er hatte nur diesen einen Mitarbeiter mit Meistertitel, genau genommen nur eben diesen einen Mitarbeiter, der zu diesem

Zeitpunkt eine formal abgeschlossene handwerkliche Ausbildung hatte. Er schilderte, dass er für sich persönlich und seine kleine Baufirma nur eine Lösung sähe: Abi zu kündigen.

Im weiteren Verlauf des Gesprächs unterstrich ich, dass dann der gesamte Vorgang wohl vor dem Arbeitsgericht landen würde und es zu einer Klage käme, wenn es zu einer Kündigung kommen würde. Dabei betonte ich auch ergänzend meine Verwunderung, dass ein Auszubildender zum Maurergesellen Holzarbeiten an einem Balkon vornehmen solle. Das wäre sicherlich eher ein Ausbildungsthema für einen angehenden Tischler. Und außerdem sei doch der Ausbilder für eine Anleitung des Auszubildenden und damit auch für seine Arbeitsergebnisse mindestens mit in der Verantwortung. Das Kündigungsschreiben ging trotz des Gespräches ein paar Tage später bei Abi ein.

Ich besorgte Abi nach meinem Besuch in seinem Ausbildungsbetrieb kurzer Hand einen Rechtsanwalt mit Schwerpunkt Arbeitsrecht und es kam schließlich zu einem Gerichtstermin. Im Ergebnis gewann Abi vor Gericht und er hätte sogar die Ausbildung fortsetzen können.

Parallel wurde Abi und mir allerdings deutlich, dass es für Abi wohl besser wäre, in einem anderen Arbeitsumfeld seine Ausbildung fortzuführen.

Nach dem Gerichtstermin schloss sich eine einwöchige Blockunterrichtseinheit von der Berufsschule an. Abi freute sich aus einem für mich nachvollziehbaren – aber doch erstaunlichen Grund – immer sehr auf diese Unterrichtsblöcke und nach der gerichtlichen Auseinandersetzung mit seinem Arbeitgeber umso mehr. Die Unterrichtsblöcke fanden in Göttingen statt und in dieser Zeit konnten die Teilnehmer in einem Seminarhaus wohnen. In der Regel wurden zwei Teilnehmer in ein Doppelzimmer eingecheckt. Oftmals gab es jedoch ein oder zwei Einzelzimmer, die den Teilnehmern angeboten wurden. Nach dem Motto, wer zuerst kommt, mahlt zuerst, wurden diese begehrten Einzelzimmer jedes Mal verteilt. Abi legte sich fast jedes Mal ins Zeug, um als erster vor Ort in Göttingen zu sein. Er fuhr dafür nachts aus Hildesheim mit dem Zug los. Er wollte einfach gelegentlich die Ruhe in einem Zimmer genießen, das er für sich alleine nutzen konnte. Dieser Wunsch wurde umso erklärlicher, wenn Abi schilderte, dass er noch einige Zeit während seiner Ausbildung in einem Flüchtlingsheim wohnhaft war. Acht Männer aus unterschiedlichen Herkunftsländern, unterschiedlichen Alters und mit unterschiedlichen Religionszugehörigkeiten wohnten und schliefen dabei in einem Raum.

Nach seiner Rückkehr aus Göttingen besprachen wir die eingetretene Situation. Er wollte den Ausbildungsbetrieb wechseln, selbst auf das Risiko hin, ein Ausbildungsjahr wiederholen zu müssen. Gerade zu dieser Zeit bot die Handwerkskammer vor

Ort in Hildesheim jungen Flüchtlingen an, sie bei der Suche nach Ausbildungsplätzen zu unterstützen. Die Handwerkskammer betonte dabei, dass sie in engem Kontakt zu den Ausbildungsbetrieben im Handwerk stehen würde. Die Handwerkskammer hatte extra einige ihrer Mitarbeiterinnen und Mitarbeitern zu sogenannte Ausbildungsplatzlotsen für Flüchtlinge über mehrere Wochen hinweg qualifiziert. Wir vereinbarten einen Termin.

Eine freundliche Frau, Mitte dreißig, saß uns gegenüber. Abi stellte seinen Wunsch, seinen Ausbildungsbetrieb zu wechseln, dar. Ich ergänzte einige erläuternde Punkte zum Urteil des Arbeitsgerichtes. Im Anschluss legte sie überraschenderweise einen Fragebogen auf den Tisch und sagte, im ersten Schritt sei dieser auszufüllen. Die Befragung würde dazu dienen, den Berufswunsch eines jungen Menschen kennenzulernen. Wir waren etwas irritiert. Abis Berufswunsch war weiterhin, Maurer zu werden. Er wollte – wenn möglich – den Ausbildungsbetrieb wechseln und seine Ausbildung fortsetzen. Das wiederholten wir noch einmal. Der Hinweis von der Mitarbeiterin der Handwerkskammer, es wäre immer zunächst ein solcher Fragebogen auszufüllen, verursachte bei Abi sichtlich Enttäuschung und Unverständnis. Er fragte sich sicherlich, ob das Gespräch noch Sinn machen würde. Bei mir kam eine gewisse spürbare innere Wut auf. Als dann auch noch die Rückfrage aufkam, warum es denn überhaupt so weit kommen musste, dass das Verhältnis zwischen Ausbildungsbetrieb und Auszubildendem so zerrüttet sei, war klar, dass die Gesprächszeit verschenkte Zeit war. Beim Rausgehen aus dem Büro bot die Mitarbeiterin der Handwerkskammer noch an, die Lebenslaufdaten von Abi an die Baubetriebe im Raum Hildesheim als E-Mail zu versenden. Abi sagte nur, dass die Daten gerne verschickt werden könnten.

Vor dem Gebäude fragte ich ihn, was er für einen Eindruck gewonnen hatte. Ich bot ihm außerdem auch an, einen ehemaligen Mitschüler und Nachbarn aus meiner Jugendzeit, der inzwischen in Wolfsburg das elterliche Straßenbauunternehmen als Eigentümer übernommen hatte, anzurufen, um mich nach einem Ausbildungsplatz für Abi zu erkundigen. Er wirkte niedergeschlagen und nachdenklich. Eine richtige Antwort erhielt ich von ihm in der Situation nicht. Wir verabschiedeten uns.

Fast zwei Wochen hörte und sah ich nichts von Abi. Dann meldete er sich telefonisch bei mir. Von dem Moment an wusste ich, dass Abi eine wirklich gut ausgeprägte Resilienz besaß. Er hatte sich letztendlich alleine einen neuen Ausbildungsplatz besorgt. Die überregional tätige Baufirma Caberu hatte ihn sogar schon eingestellt und mit der Berufsschule abgestimmt, dass er seine Ausbildung fortsetzen konnte, ohne dabei ein Ausbildungsjahr wiederholen zu müssen. Außerdem hatte Caberu geholfen, dass der nun per Gerichtsurteil weiterhin gültige Ausbildungsvertrag mit der kleinen Baufirma sofort aufgelöst werden konnte. Als ich Abi fragte, wie er denn das alles erreicht hatte, war ich zusätzlich von seiner pragmatischen Vorgehensweise angetan. Er hatte sich bei seinen Mitschülern in der Berufsschule alle Anschriften der jeweiligen Ausbildungsbetriebe geben lassen, seine Bewerbungsunterlagen zusammengestellt und war persönlich zu den Firmen gegangen. Er hatte einfach vor Ort bei den besagten Baufirmen gefragt, ob er seine Bewerbungsunterlagen abgeben oder gar gleich bei einem Chef, wie er sich ausdrückte, vorsprechen dürfe. Bei Caberu hatte er so offensichtlich sofort den Einlass in die Personalabteilung erhalten. Das Ergebnis: die Fortsetzung seiner Ausbildung an einem neuen Ausbildungsplatz. Und Caberu gewann somit einen neuen Mitarbeiter, der einfach nur lernen wollte.

Das pragmatische Vorgehen, um Ausbildungsziele zu erreichen, zeigte Abi wenig später noch einmal sehr eindrucksvoll. Er wollte den Führerschein machen. Regelmäßig sparte er etwas von seinem schmalen Ausbildungslohn und meldete sich bei einer Fahrschule in der Hildesheimer Innenstadt an. Sofort bei der Anmeldung erfragte er, ob es bei der theoretischen Prüfung möglich sei, Englisch als Prüfungssprache zu wählen. Er meinte, dass er schon viele englische Vokabeln rund um das Autofahren kennen würde. In Kenia und in Tansania sei er bereits Auto gefahren, wenn auch ohne die deutsche Straßenverkehrsordnung zu kennen, wie er später mal lachend anmerkte. Tatsächlich war es möglich, die theoretische Prüfung mit englischsprachigen Fragebögen abzulegen. Nachdem Abi die theoretische und die praktische Fahrprüfung bestanden hatte, dauerte es nur wenige Wochen und er war sogar Eigentümer eines Autos, eines sehr alten Autos. Das Fahrzeug asiatischer Fabrikation hatte nur noch wenige Monate Restlaufzeit bis zur nächsten TÜV-Hauptuntersuchung und bereits viele Beulen und Lackkratzer, aber hinter dem Steuer saß ein stolzer Eigentümer, Abi.

Durch das Auto gestaltete sich das Leben für Abi zunehmend angenehmer. Unter der Woche konnte er nun regelmäßig nach Hause fahren und dort schlafen. Phasenweise hatte er nämlich gegen ein kleines Entgelt auf dem Flur in der Wohnung eines Freundes in der Nähe von Caberu übernachten müssen. Oftmals mussten die Mitarbeiter von Caberu morgens schon um 4.30 Uhr auf dem Betriebsgelände sein, um von dort aus zu den jeweiligen weiter entfernten Baustelleneinsätzen gemeinsam anzufahren. Da Abi inzwischen monatlich ein Einkommen – wenn auch nur ein Auszubildendenentgelt – erhielt, musste er die vom Landkreis Hildesheim zugewiesene Unterkunft für Flüchtlinge verlassen und sich selbst eine Wohnung oder ein Zimmer suchen und bezahlen. In einem Vorort von Hildesheim hatte er sich unter dem Dach als Untermieter ein möbliertes Zimmer mit Bad angemietet. Ohne seinen Führerschein und sein Auto war er zuvor auf die öffentlichen Verkehrsmittel angewiesen, um zu Caberu am Morgen zu kommen. Leider fuhren S-Bahnen und Busse erst zu einer späteren Tageszeit regelmäßig. So benötigte er einen Schlafplatz. Später erfuhr ich sogar, dass Abi gelegentlich in den Umkleide- und Waschräumen seines Arbeitgebers, Caberu, auf einer Bank übernachtet hatte, um dann am Folgetag pünktlich auf dem Betriebsgelände zu sein. Das war von seinem Arbeitgeber Caberu nicht gerne gesehen, jedoch offensichtlich hin und wieder geduldet.

Mit seiner neu gewonnenen Mobilität wendete sich das Blatt. Der Firmeninhaber vom Caberu bat ihn hin und wieder, Kollegen am Morgen eine Mitfahrgelegenheit anzubieten. Einige Kollegen hatten offensichtlich durch Verkehrsdelikte immer wieder mal ihre Führerscheine entzogen bekommen und waren jetzt auf Mitfahrgelegenheiten angewiesen. Die Kollegen von Abi freuten sich, wenn sie in solch einer Situation mitfahren konnten, und gaben ihm auch den einen oder anderen Euro als Dankeschön.

Als ich ihn zum Einzug in seine kleine möblierte Wohnung und zur gewonnenen Mobilität fragte, wie ich ihm eine kleine Freude machen könnte, wünschte er sich ein Poster: das berühmte Retro-Bild aus New York – Mittagspause auf einem Wolkenkratzer. Abi identifizierte sich wirklich sehr mit seiner Ausbildung. Wenige Tage später holten wir gemeinsam in einem schwedischen Selbstbedienungsmöbelhaus in der Nähe von Hildesheim das Poster und hängten es in seinem Zimmer auf.

Nach insgesamt drei Jahren absolvierte Abi seine theoretische und seine praktische Gesellenprüfung. Nach den bestandenen Prüfungen veröffentlichte die regionale Zeitung ein Foto von Abi und den anderen erfolgreichen Prüflingen. Damit einhergehend stellte der Redakteur der Zeitung die Lage vieler Handwerksbetriebe im Landkreis dar, dass es immer weniger junge Menschen gäbe, die sich für eine Ausbildung im Handwerk entschieden, obwohl der Arbeitsmarkt für ausgebildete Handwerker sehr gut sei.

Mehr oder weniger fast nebenher zur Vorbereitung auf die theoretische Gesellenprüfung verbesserte Abi sein Deutsch noch einmal erheblich. Vor allem sein Schriftdeutsch erreichte ein wirklich gutes Niveau. Bei einigen E-Mail Wechseln, die Abi und ich hatten, bemerkte ich diese Verbesserungen.

Über die Deutschsprachkenntnisse hinaus lernte er auch Deutschland mit all seinen Facetten Woche für Woche immer besser kennen. An den Wochenenden nutze er seine Mobilität, die er durch sein eigenes Auto gewonnen hatte, um sich verschiede Orte in der Nähe von Hildesheim anzuschauen. Sein neues – altes – Auto hatte Abi dabei mithilfe von Freunden, die in Afrika vor ihrer Flucht nach Deutschland als Automechaniker gearbeitet hatten, so weit repariert, dass er es durch die Hauptuntersuchung beim TÜV gebracht hatte.

Auf zum Meisterkurs

Während der ICE inzwischen weiter Richtung Wolfsburg fuhr, sprachen Abi und ich in einer Art Rückschau darüber, wie er nach seiner erfolgreichen Gesellenprüfung dazu gekommen war, einen Meisterkurs im Handwerk anzuschließen.

Abi hatte in seiner erfolgreichen Ausbildungszeit bei Caberu seinen Drang nach Wissen für einige Zeit etwas stillen können. Die Einsätze auf unterschiedlichen Baustellen führten durchaus zu einer gewissen Routine in seinem Arbeitsalltag. Er wurde nach seiner Ausbildungszeit und einer sich anschließenden kurzen befristeten Anstellungsphase von Caberu in ein unbefristetes Arbeitsverhältnis übernommen.

Durch diese Routine hatte Abi insbesondere an den Wochenenden noch etwas mehr Freizeit. So dachte ich jedenfalls bis zu einem gemeinsamen Picknick und Grillen mit meiner Frau und mir im Garten unseres Hauses. Wir hatten Abi eingeladen und wollten mit ihm frisch gefangenen Fisch grillen, den meine Frau während eines Besuches bei ihrem Vater an der Nordsee tags zuvor bei einem regionalen Fischhändler gekauft hatte.

Abi erschien im Garten angezogen mit einem blauen Pullover, der über die ganze Breite mit einem Schriftzug eines Paketzustelldienstes versehen war, und außerdem hatte er eine ebenso blaue

Schirmmütze unter dem Arm. Meine Frau und ich schauten etwas verdutzt. Als Abi unsere Überraschung bemerkte, entschuldigte er sich zunächst schnell, dass er seine Arbeitskleidung noch nicht habe ausziehen können, da er nach einem etwas anstrengenden Arbeitstag als Paketzusteller noch keine Zeit dafür gefunden hatte. Er fuhr nun auch noch nebenberuflich am Wochenende für einen Paketzustelldienst Lieferungen im Raum Hildesheim und Braunschweig aus. Das war neu für uns. Mit dem zusätzlichen Verdienst wollte er unter anderem seine Eltern im Flüchtlingscamp in Kenia finanziell etwas unterstützen. Am Tag unserer Einladung musste er neben der pünktlichen Zustellung der Pakete auch noch einen neuen Kollegen einweisen. Dieser neue Kollege war wohl schon am ersten Tag – seinem Anlerntag – mit den Herausforderungen und Belastungen für einen Paketdienstfahrer überfordert. Zeitdruck, teilweise dichter Verkehr in den Innenstädten und das Transportieren von schweren Paketen in die oberen Etagen von Wohnhäusern führten schon am Nachmittag des Anlerntages dazu, dass sich der neue Kollege entschied, sofort wieder zu kündigen. Nach Abschluss dieser Tagestour musste Abi seine Eindrücke vom neuen Kollegen seinem Vorgesetzten im Büro schildern. Diese Schilderung verlief zwar schnell, da sich der neue Kollege schon vor der Bürotür verabschiedet hatte und nicht mehr wiederkommen wollte. Was jedoch im Gespräch zwischen Abi und seinem Vorgesetzten bei dem Paketzustellunternehmen länger andauerte, war die Diskussion über die Suche nach verlässlichen und belastbaren Mitarbeitern. Der Paketzustelldienst habe vor allem Schwierigkeiten, Lagerlogistiker und Fahrer in Festanstellung zu finden. Selbst nebenberufliche Aushilfskräfte seien oft nicht zu finden. Aus Sicht eines Zustellers, wie Abi an den Wochenenden, ist das Entlohnungsmodell auch genau dahingehend zu prüfen, ob es sich wirtschaftlich rechnet. Den Fahrern werden in der Regel neben den Fahrzeugen die auszufahrenden Pakete am Samstagmorgen übergeben. Die Fahrtrouten muss sich der Fahrer selbst zusammenstellen. Wenn sich der Fahrer dabei verplant, zum Beispiel aufgrund unzureichender Ortskenntnisse, muss er am Sonntag die restlichen Lieferungen zustellen. Diese zusätzliche Arbeitszeit wurde nicht bezahlt. Dadurch, dass Abi seine Führerscheinausbildung in Hildesheim absolviert hatte, konnte er auf sehr gute Ortskenntnisse zurückgreifen und musste nur selten an Sonntagen noch Pakete ausliefern.

Abi ging noch einmal kurz zu seinem Auto, mit dem er zu unserem Picknick gekommen war, und brachte mehrere große abgedeckte Schalen und Schüsseln mit. Als Abi diese Schalen und Schüsseln nach und nach vor unseren Augen öffnete, wussten meine Frau und ich gleich, dass das gemeinsame

Picknick eine kulinarische Entdeckungsreise werden würde. Abi hatte unterschiedlichste somalische Salate mitgebracht. Einige der zu Salaten verarbeiteten Gemüsesorten kannten wir nicht. Wir wollten wissen, was in den Salaten für Leckereien zu entdecken seien. Wie sich herausstellte, kannte Abi jedoch auch nicht alle Zutaten. Er gestand uns, dass er diese Salate nicht selbst gemacht hatte. In den Wochen zuvor hatte er eine junge mehrköpfige Familie aus Somalia, die auch nach der Flucht aus Afrika nach Hildesheim gekommen war, etwas unterstützt. So hatte er unter anderem die junge Mutter zu einigen ärztlichen Untersuchungen begleitet. Die junge Frau – und auch ihr Ehemann – konnte nicht ausreichend Deutsch, um sich gegenüber den Ärzten sprachlich auszudrücken. Als Dankeschön für die Unterstützung hatte die junge Frau ihm die Salate zubereitet, nachdem er erwähnt hatte, dass er bei uns zu Besuch sein würde. Seinen Ausführungen zufolge überlegte Abi anscheinend, ob er die junge Frau auch zum Picknick mitbringen könne. Wir hätten uns wirklich sehr gefreut. Allerdings mussten wir im weiteren Gesprächsverlauf lernen, dass es oft ein schwieriges Thema für Familien aus Afrika sei, wenn Frauen in Europa solche Einladungen annehmen und damit auch in der Außenwirkung die gesamte Familie vertreten würden. Diese Rolle sollte der Ehemann einnehmen. Da der Ehemann der jungen somalischen Frau am Tag unseres

Picknicks allerdings einen Helferjob auf einem regionalen Markt angenommen hatte, konnte er nicht gemeinsam mit seiner Frau zu unserem Picknick im Garten kommen – und damit leider auch seine Frau nicht.

Als ich die Schilderung zum Familienleben der somalischen Flüchtlingsfamilien gehört hatte, hatte ich sofort Berichte aus der Hildesheimer Volkshochschule vor mir. In den Volkshochschulen wurden viele Deutschsprach- und Integrationskurse für Flüchtlinge angeboten. In den ersten Wochen eines neuen Kurses nahmen manchmal Eheleute zunächst gemeinsam am Unterricht teil. Nicht selten stellte sich schrittweise heraus, dass die teilnehmenden Frauen viel schneller Fortschritte beim Erlernen der neuen Sprache machten als ihre Männer. Das führte dazu, dass sie nun die ersten Ansprechpersonen für ihre gesamte Familie in Deutschland wurden. Die Ehemänner verloren dadurch ihre Rolle als Familienoberhaupt. Leider erschien eine Reihe von diesen Ehefrauen häufig nach einigen Wochen nicht mehr zum Deutschunterricht. Eine kleine Geschichte, die mir von einer Deutschlehrerin eines solchen Kurses in diesem Zusammenhang einmal erzählt worden war, fasst die beschriebene Situation gut zusammen. Eine ihrer Sprachschülerinnen, die zusammen mit ihrem Mann aus dem Sudan geflohen war, steckte ihr eines Tages einen kleinen Zettel nach dem Unterricht in die Handtasche. Auf dem Zettel war zu lesen: Vielen Dank für den Deutschunterricht – ich darf aber nicht mehr kommen, mein Mann verbietet mir das. Er sagt, ich lerne zu schnell.

Wir, meine Frau, Abi und ich, saßen im Garten und aßen die somalischen Salate und den gegrillten Fisch von der Nordsee, eine wahrlich weite internationale kulinarische Reise.

Während wir unser Picknick genossen, meinte Abi fast beiläufig, dass er sich entschieden habe, den Meistertitel im Handwerk erlangen zu wollen. Er sagte, er habe sich bereits über die möglichen Fördermittel, die er erhalten könnte, informiert. Wenn er diese Mittel und einen Teil der Entlohnung von seinem Hauptarbeitgeber, dem Bauunternehmen Caberu, sowie etwas von seinen nebenberuflichen Einkünften beim Paketzustelldienst spare, könnte er die Meisterkurse bei der Handwerkskammer bezahlen. Außerdem habe er sich schon die Prüfungsunterlagen von einem Kollegen bei Caberu ausgeliehen, der die Meisterprüfung vor einem Jahr mit Erfolg absolviert hatte. Uns interessierte natürlich, welche Überlegungen und welche Motivation hinter seinem Entschluss stehen würden. Es waren zwei Triebfedern. Weiterhin wollte er lernen und der Meisterabschluss im Handwerk kam auch einem universitären Bachelorabschluss sehr nahe. Sein Wunsch, Bauingenieur oder Architekt zu werden, den er gleich nach seiner Ankunft in Deutschland äußerte, käme so wieder in greifbare Nähe. Der weitere Grund für diese Entscheidung war eine Vielzahl an Beobachtungen von Abi in seinem Arbeitsalltag auf den Baustellen. Er musste immer wieder erkennen, dass die körperliche Arbeit bei Kollegen, die nur einige Jahre älter waren, zu Berufserkrankungen führte. So sind auch selten auf den Baustellen 60-jährige Maurer zu finden. Nicht selten trat über die Jahre hinweg bei diesen Kollegen die Berufsunfähigkeit ein. Eine solche Zukunft wollte sich Abi nicht vorstellen und sah in der Weiterqualifikation die Chance, schrittweise andere Aufgaben übernehmen zu können, die nicht mehr so sehr mit körperlichen Anstrengungen verbunden seien.

Während wir weiterhin das fantastische Essen genossen, fragte ich Abi, ob er bei der Durchsicht der bereits beschafften Unterrichtsmaterialien für den Meisterkurs Themen oder Fächer gefunden habe, die er als besonders herausfordernd einschätzen würde. Sofort kam ein deutliches Ja als Antwort. Alle Fächer, in denen Mathematik eine wichtige Rolle spielte, flößten ihm mächtig Respekt ein. Vor allem im Fach Statik sind umfangreiche Mathematikkenntnisse erforderlich. Diese Einschätzung von Abi deckte sich mit vielen Eindrücken, die Lehrer und Ausbilder in unterschiedlichen Schulen und Ausbildungsstätten teilten. Selbst Flüchtlinge, die bereits vor der Ankunft in Deutschland eine komplette gute Schulausbildung in Afrika durchlaufen hatten, hatten deutlich weniger Unterrichtsstoff im Fach Mathematik vermittelt bekommen als zum Beispiel deutsche Jugendliche.

Ich schlug Abi spontan aus der Situation heraus vor, dass wir gemeinsam bei meiner Nachbarin, Frau Siegburg, gegenüber an der Tür klingen sollten und ihr etwas von den wohlschmeckenden Salaten anbieten und schenken sollten. Ich wusste, dass Frau Siegburg, eine kleine alleinlebende oft etwas kauzig wirkende pensionierte Lehrerin, schon immer Interesse an Menschen aus anderen Kulturen hatte. Sie engagierte sich bereits seit Jahren in unterschiedlichen interkulturellen Vereinen. Und vor allem war sie lange Zeit Mathe- und Physiklehrerin gewesen und sie gab noch gelegentlich nach ihrer Pensionierung Mathenachhilfeunterricht. Zu Abi sagte ich auf dem Weg zum Nachbarhaus, in unseren Händen die Salatschalen haltend, Frau Siegburg würde sicherlich Fragen nach seiner Herkunft, aber vor allem auch nach seinen Zukunftsplänen in Deutschland stellen. Er sollte ihr von seinem geplanten Meisterkurs kurz erzählen und beiläufig schildern, dass er noch viel Mathematik lernen müsse, um den Meisterkurs zu bestehen.

Wir klingelten an der Haustür und nach einigen Begrüßungsworten überreichte Abi in seinem blauen Pullover gekleidet die Salatschalen. Frau

Siegburg freute sich riesig. Sie und Abi kamen ins Gespräch. Dieses Gespräch war der Ausgangspunkt für eine sehr lange freundschaftlich geprägte Zusammenarbeit. Frau Siegburg bot sehr spontan an, dass sie Abi ehrenamtlich Mathematikunterricht geben würde und ihn damit auf dem Weg zu seinem Meistertitel begleiten wollte. Ihre einzige Forderung war: Einmal im Monat wolle sie mit somalischem Essen verköstigt werden.

Regelmäßig trafen sich die beiden fortan und Abi konnte seine Mathematikkenntnisse verbessern. Frau Siegburg speiste als eine Art Entlohnung einmal pro Monat ein leckeres afrikanisches Mittagessen. Abi bestellte das Essen jedes Mal frisch bei der jungen Frau aus Somalia, die bereits das Essen für das Picknick im Garten mit meiner Frau und mir zubereitet hatte.

Meisterhaft

Unser ICE hatte inzwischen den Hauptbahnhof von Wolfsburg erreicht. Direkt neben dem Bahnhof war angrenzend zum Mittellandkanal das Volkswagenwerk zu sehen, dem die Stadt Wolfsburg seine Entstehung und auch noch heute seine städtische Weiterentwicklung in weiten Teilen zu verdanken hat. So führten auch Entscheidungen bei der Volkswagen AG dazu, dass ebenso auf Sichtweite vom Wolfsburger Bahnhof eine moderne Fußballarena entstanden war. In dieser Arena ist der im Jahr 1945 gegründete Verein VfL Wolfsburg bei seinen Heimspielen Gastgeber. Im Jahr 2009 errang die Mannschaft des VfL Wolfsburg ihren ersten Titel als Deutscher Meister – ein langer, aber letztendlich erfolgreicher Weg.

Als Abi durch die Fensterscheibe des ICEs das Wolfsburger Fußballstadion sah, musste er lächeln und betonte, dass er Anhänger des VfL Wolfsburg sei. Er unterlegte das mit einem kleinen Fingerzeig auf die Rückseite seines mobilen Telefons. Dort war in den grünweißen Vereinsfarben ein Aufkleber mit dem Vereinswappen des VfL Wolfsburgs zu sehen. Zu spüren war, wie er in Gedanken seinen langen Weg nach Deutschland und auch in Deutschland durchging. Sicherlich erinnerte er sich dabei an einen besonderen gemeinsamen Ausflug nach Wolfsburg.

Kurz nach unserem Kennenlernen in Hildesheim sagte Abi einmal zu mir, dass er – egal, wie lange seine Aufenthaltsdauer in Deutschland sein werde – einmal ein Spiel eines Fußballspitzenteams in der Ersten Bundesliga vor Ort im Stadion erleben möchte.

Da ich immer wieder von seinen Erfolgen in Deutschland beeindruckt war, schenkte ich ihm nach seiner Gesellenprüfung und seinem Entschluss, auch noch den Meisterkurs zu absolvieren, einen Tagesausflug nach Wolfsburg und vor allem einen gemeinsamen Besuch des Bundesligaspiels VfL Wolfsburg gegen TSG Hoffenheim. Als ich ihm bei einem unserer Treffen den Gutschein für die Eintrittskarte zusammen mit einer Kaffeetasse aus dem Merchandising-Shop des VfL Wolfsburg überreichte, wollte er sofort wissen, wann das Spiel anstehen würde. Er würde alle anderen Termine an dem Wochenende absagen. Er freute sich wirklich riesig.

Als es dann so weit war und wir am Bundesligaspieltag auf die Fußballarena in Wolfsburg zugingen, wollte Abi genau wissen, welche Gebäude auf dem umliegenden Gelände welche Funktionen hätten. Es blitzte erneut sein Interesse an Architektur durch. Ich erklärte ihm genau, wo die Trainingsplätze, das auf dem Gelände integrierte Fußballmuseum und auch das etwas kleinere Stadion, was hauptsächlich das Damenfußballteam des VfL

Wolfsburg als Spielstätte nutzte, liegen. Meine Ausführungen zum seit vielen Jahren national und international sehr erfolgreich spielenden Damenfußballteam kommentierte er allerdings zunächst nicht. Erst als ich betonte, dass dieses Team viele Meistertitel in Serie geholt hatte, merkte er kurz an, dass es sehr gut sei, dass für dieses Team ebenso ein schönes Stadion gebaut worden war.

Einen Moment lang erinnerte mich die Situation an eine Frage, die ich immer wieder von Flüchtlingen aus Afrika und vor allem aus Afghanistan gehört hatte. Warum treten Frauen in Deutschland so oft mit großem Engagement und viel Leistung in den öffentlichen Vordergrund? Insbesondere kamen solche Fragen gehäuft auf, wenn das ehrenamtliche Wirken von Frauen in den Vereinen vor Ort in Hildesheim von den Flüchtlingen bewertet worden war. Die Menschen, die insbesondere in der Zeit der sogenannten Flüchtlingswelle in der ersten Reihe standen, waren in Hildesheim oftmals Frauen. Für eine Vielzahl von Flüchtlingen war es eine neue Erfahrung, dass Frauen Vorsitzende von Organisationen waren, die selbst mit dem Oberbürgermeister einer großen Stadt Verhandlungen rund um die Themen wie zum Beispiel Unterbringung, Sprachkurse und erste psychologische Begleitung führten.

An den verschiedenen Verkaufsständen für Fanartikel und den unterschiedlichsten Imbissbuden vorbei liefen Abi und ich auf die Sicherheits- und Kontrollzonen vor der eigentlichen Fußballarena zu. Immer wieder schaute Abi dabei auf das riesige nach oben aufragende, grün angeleuchtete Tribünendach. Abi trat schließlich als erster von uns beiden auf die Sicherheitsdrehtür zum Innenbereich der Arena zu. Dabei sprach ihn ein Sicherheitsmitarbeiter in gelber Jacke an. Bevor Abi seine Karte an den QR-Code-Scanner der Drehtür legen konnte und damit den Eintritt in die Arena selbst gewährt bekam, bat der Sicherheitsmitarbeiter Abi, seine Arme zu heben und sich abtasten zu lassen. Dann folgte die Bitte, den Reißverschluss der Jacke zu öffnen, um die Innentasche abtasten zu können. Das Vorgehen war üblich, um einen Beitrag zur Sicherheit im Stadion zu leisten. Immer wieder wurden Gegenstände von Stadionbesuchern vor diesen Sicherheitsregelungen während eines Fußballspiels auf das Feld geworfen. Dann folgte eine Reihe weiterer Bitten und Aufforderungen seitens des Sicherheitsmitarbeiters an Abi. Er sollte seine Jeanshosentaschen nach außen krempeln, die Sohlen seiner Schuhe vorzeigen und schließlich sein Portemonnaie öffnen und den Inhalt zeigen. In diesem Moment rief ich dem Sicherheitsmitarbeiter laut zu, dass er seinen Auftrag bitte nicht über- und schon gar nicht fehlinterpretieren solle. Damit zeigte ich, dass Abi und ich gemeinsam das Fußballspiel besuchen wollten. Abi drehte sich zu mir um und erwiderte nur, dass es in

Ordnung für ihn sei und er diese Art der Behandlung aus telefonischen Schilderungen von seiner in den USA lebenden Schwester kenne. Den Sicherheitsmitarbeiter fragte ich nur noch etwas ironisch, ob er Amerikaner und vielleicht auch noch Anhänger von Donald Trump sei. Ich konnte mir das ehrlicherweise nicht vorstellen. Der VfL Wolfsburg als Verein engagierte sich an vielen Stellen seit Jahren vorbildlich für das Thema Diversität. So tragen die Fußballteams des Vereins oftmals Trikots mit den Regenbogenfarben. Der Sicherheitsmitarbeiter gab mir keine Antwort, winkte Abi jedoch schließlich durch. Abi konnte seine Eintrittskarte jetzt an den QR-Code-Scanner halten und die sich öffnende Drehtür passieren. Zu meiner Überraschung wurde ich unkontrolliert sofort durchgelassen.

Gemeinsam stiegen Abi und ich die vielen Treppen der Fußballarena nach oben und durchschritten letztendlich eine schwere Metalltür in den Innenbereich. Die Fußballmannschaften machten sich unter Anleitung von einigen Co-Trainern bereits warm. Die Stadionmusik war sehr laut. Im Wolfsburger Stadion wurde außerdem immer wieder begleitend das Geheul von Wölfen abgespielt. Hellgrün weiße Farbeffekte wurden in der Arena eingespielt. Die Zuschauer, insbesondere die Mitglieder der Fanclubs beider Mannschaften, gaben ihre Gesänge zum Besten. Abi blieb auf dem weiteren Weg zu den reservierten Sitzplätzen immer wieder stehen und zückte sein mobiles Telefon. Er nahm viele für ihn offensichtlich emotional sehr bewegende Momente auf.

Während des ganzen Fußballspiels fotografierte und filmte Abi fast ohne Pause. Er wollte seine Eindrücke einfach festhalten. Außerdem sendete er viele Fotos und Film- sowie Tonsequenzen in der Pause an seine Familienmitglieder weltweit. Das Bundesligaspiel selbst endete unentschieden und hatte auch eher durchschnittliche Qualität. Dieses Spiel samt der Erlebnisse führte dazu, dass Abi das Fußballgeschehen in Deutschland noch intensiver verfolgte und sich seither selbst als Fan des VfL Wolfsburg bezeichnete. In den Folgemonaten gingen Abi und ich noch einmal gemeinsam zu einem Fußballspiel – dieses Mal in das Stadion in Hannover. Wir besuchten ein DFB-Pokalspiel von Hannover 96. Auch dieser Besuch begeisterte Abi, obwohl die Stimmung bei den einheimischen Fans im Stadion etwas gedrückt war. Hannover 96 verlor das Spiel und schied dabei aus dem Pokalwettbewerb aus.

Auf dem Heimweg von Hannover nach Hildesheim hatte Abi plötzlich eine kleine Box in der Hand. Er überreichte mir diese als Geschenk und sagte, ihm gefalle die Arena in Wolfsburg besser, obwohl das Stadion in Hannover viel mehr Zuschauer fasst. Außerdem wäre er jetzt Fan des VfL Wolfsburg. In der kleinen Box befand sich eine

Armbanduhr aus dem Merchandisingshop des VfL Wolfsburg. Bis heute habe ich diese Uhr immer sichtbar auf meinem Arbeitstisch in meinem Büro liegen.

Bei gemeinsamen Treffen und Ausflügen erfuhr ich weiterhin von Abi, wie sein Meisterkurs verlief. Insgesamt kam er gut voran. Die Prüfungen im Fach Betriebswirtschaftslehre, aber auch seinen Ausbildereignungstest bestand er ohne größere Probleme. Dann folgten jedoch die für ihn schwierigen Fächer, wie zum Beispiel Statik. Ohne die Unterstützung von Frau Siegburg hätte er wohl den sehr mathematisch geprägten Unterrichtsinhalten oft nicht folgen können. Er war Frau Siegburg für den Nachhilfeunterricht wirklich dankbar. Vermehrt sprangen in dieser Phase auch Meisterkursteilnehmer ab, die mit Abi die berufliche Weiterqualifizierung begonnen hatten. Sehr überraschend berichtete Abi einmal, dass ein junger Kursteilnehmer einfach nicht mehr zum Unterricht erschienen sei. Dieser junge Teilnehmer war der Sohn eines Inhabers eines großen Unternehmens im Baunebengewerbe im Raum Hildesheim. Er sollte die Firma seines Vaters in Zukunft übernehmen und erfolgreich weiterführen. Abi verstand nicht, dass jemand mit familiärem unternehmerischem Hintergrund so schnell aufgab und nicht einfach versuchte, sich mit viel Fleiß durchzukämpfen und sich so den Unterrichtsstoff anzueignen. In einem Pausengespräch hatte der junge Abbrecher im Kurs wohl einmal in Richtung Abi durchblicken lassen, dass er sowieso die Firma seines Vaters übernehmen und dann Personal mit im Handwerk erlangten Meistertiteln einstellen würde.

Alles schien trotz der Herausforderung, Mathematik zu verstehen und zu erlernen, schrittweise auf dem Weg hin zu den letzten Prüfungen gut zu verlaufen. Doch dann erschwerte die Corona-Pandemie den Weg zum Meistertitel immer wieder. Abi wurde von Woche zu Woche besorgter, wie sich die Situation im Flüchtlingscamp in Afrika entwickelte, in dem sein krebserkrankter Vater, seine Mutter und seine jüngste Schwester lebten. Den Menschen im Camp wurden sehr wenige Informationen zu der Pandemielage von den NGO-Mitarbeitern gegeben. Nur Informationen aus dem Internet konnten sich die dortigen Flüchtlinge besorgen. Im Camp mussten die Flüchtlinge lediglich Mund-Nasenschutz tragen. Das wurde mittels Hinweisschildern im Camp angewiesen. Kontrolliert wurde das Tragen des Mund-Nasenschutzes von niemandem. Abstand halten war ebenfalls nicht möglich. Weitere Schutzmaßnahmen vor einer Corona-Infektion gab es nicht. Vermehrt reisten ehrenamtlich im Camp arbeitende amerikanische Ärzte aus Afrika ab. Sie wollten sich in den USA einbringen und dort in ihrer Heimat gegen die Pandemie kämpfen. Mit Impfungen im Flüchtlingscamp gegen Corona war gar nicht zu rechnen. Hin und wieder kamen Gerüchte auf, dass aus China ein Impfstoff geliefert würde. Fraglich war auch, ob und wie lange die Krebsbehandlung von Abis Vater fortgesetzt werden konnte. Fast täglich telefonierte Abi über mehrere Monate hinweg mit seinem Vater, ohne ihm helfen zu können. In dieser Zeit lernte Abi wenig für seinen Meisterkurs. Immer wieder ließ er sogar den Mathenachhilfeunterricht bei Frau Siegburg ausfallen. Er konnte sich nicht auf die Unterrichtsinhalte konzentrieren.

Nach einiger Zeit trat erst wieder etwas Entspannung bei Abi ein, als er von seinem Vater mitgeteilt bekam, dass die Krebsbehandlung im Camp in Kenia weiterhin durchgeführt werden konnte. Er nahm das Angebot von Frau Siegburg, den Mathematiknachhilfeunterricht, wieder regelmäßig an.

Eines Tages klingelte Frau Siegburg jedoch an der Tür und Abi stand in einigem Abstand neben ihr. Offensichtlich gab es ein Problem. Frau Siegburg hatte in ihrem fortgeschrittenen Alter nachvollziehbarerweise vor einer Corona-Infektion immer mehr Angst. Die Berichte, dass die Sterblichkeitsraten bei mit Corona infizierten Menschen in der Altersklasse über siebzig sehr hoch seien, beunruhigte sie sehr. Impfstoff in ausreichender Menge war zu diesem Zeitpunkt selbst in Deutschland noch nicht zu erwarten. Die Europäische Union und auch die deutsche Bundesregierung waren als Verantwortliche für die Beschaffung von Impfstoff nicht schnell genug erfolgreich. Vor dem Hintergrund wollte Frau Siegburg einerseits den Mathenachhilfeunterricht nicht weiter durchführen, andererseits jedoch auch Abi beim Lernen des Unterrichtsstoffes für den Meisterkurs unterstützen. Und sie musste auch schmunzelnd hinzufügen, dass sie gerne weiterhin das leckere somalische Essen, das Abi ihr mitbrachte, genießen wolle. In der sich entwickelnden Diskussion und der Suche nach einer Lösung waren uns allen Dreien auf einmal gezeigte Fernsehbilder aus den Seniorenheimen präsent. In Fernsehberichten war zu sehen, wie mit Fensterglas versehene Kabinen an die Außenfenster der Seniorenheime im Erdgeschoss montiert und Gegensprechanlagen auf beiden Seiten der Scheiben installiert worden waren. So entstanden Sprechercontainer, wie sie oft in amerikanischen Kinofilmen gezeigt werden, wenn ein Familienangehöriger mit einem Häftling im Gefängnis in der Besuchszeit spricht.

Das war der Lösungsansatz. In den Folgetagen bauten Abi und ich ein stabiles und regenfestes kleines Gartenzelt, das in der Garage von Frau Siegburg verstaut war, auf. Der Zeltaufbau fand direkt an der Terrassenglasschiebetür statt. Eine kleine elektrische Heizung lieferte etwas Wärme in das Zelt für kühlere Tage. So konnten sich Frau Siegburg und Abi jeweils auf einer Seite der Schiebetür sitzend sehen. Unterrichtsbücher konnten aufgeschlagen ans Fenster gehalten werden. Die mobile Gegensprechanlage von Frau Siegburg wurde eingesetzt, um miteinander zu sprechen. So konnte es mit dem Mathematikunterricht weitergehen.

Corona verursachte aber im Rahmen der Meisterausbildung noch weitere Probleme bei Abi und den anderen Kursteilnehmern. Der Unterricht war über Jahre hinweg komplett als Präsenzunterricht von den Dozenten konzipiert worden. Durch die in der Pandemie vorgegebenen Verhaltensrichtlinien in Deutschland drohte der Unterricht zeitweise in einen Online-Unterricht aus einem Homeoffice der Dozenten gewandelt zu werden. Zum einen waren mehrere Dozenten mit der sich so abzeichnenden Situation überfordert. Sie waren nicht darin geübt, mit Online-Schulungstools zu lehren. Zum anderen wohnten nicht alle Dozenten privat im Stadtgebiet, sondern im südlichen, sehr ländlich geprägten Landkreis von Hildesheim. Hier hatte die Digitalisierung nicht in jeden Ort Einzug gehalten. Die Internetverbindungen waren schlecht und Online-Schulungen waren über mehrere Stunden hinweg nicht durchführbar. Übertragungsabbrüche waren die Regel.

Aber auch Abi hatte Befürchtungen vor dem Online-Unterricht. Er hatte keine gute IT-Ausstattung zu Hause und vor allem noch keine Erfahrung mit dieser Art des Lernens. Einen WLAN-Verstärker hätte er unter anderem bei sich in der Wohnung zusätzlich anbringen und finanzieren müssen. Abi erklärte darüber hinaus auch, dass er einigen Dozenten, wenn diese viele neue Fachbegriffe einführten, nur folgen konnte, wenn diese ihm in einem Raum physisch gegenübersitzen. Sicherlich war seine Einschätzung auch darauf zurückzuführen, dass Deutsch nicht seine Muttersprache war. In dieser Situation war Abi dann um so glücklicher, als er erfuhr, dass sein Meisterkurs – als eine von ganz wenigen Ausnahmen – weiterhin bis zum Abschluss als Präsenzunterricht fortgesetzt werden konnte. Zwischenzeitlich hatten sich so viele der ursprünglich gestarteten Kursteilnehmer abgemeldet, dass im Unterrichtsraum alle erforderlichen und vorgeschriebenen Verhaltens- und Hygieneregeln umgesetzt werden konnten, voran die Abstandsregeln.

In der Folgezeit erhielt ich immer wieder einmal Fotos auf mein mobiles Telefon von Abi zugeschickt, die Berge an Büchern zeigten. Oft hatte er Kommentare dazugeschrieben, die betonten, wieviel Unterrichtsstoff bis zu den Abschlussprüfungen zu bewältigen sei. Als ich die mir von Abi zugesendeten Aufnahmen ansah, erinnerte ich mich an meine Zeit an der Universität.

Eines Abends klingelte Abi an der Haustür und bat mich fast etwas hektisch, dass ich mit ihm zu Frau Siegburg zum Nachbarhaus mitkommen solle. Ich folgte ihm. Als dann Frau Siegburg auch aus ihrem

Haus kam, rief Abi nur aus, „geschafft, die Meisterprüfung ist bestanden und vielen Dank für die Unterstützung". Abi war von seinen Gefühlen überwältig und rieb sich sogar die Augen. Er wollte auch schnell nach Hause und von dort mit seinen Eltern in Afrika telefonieren.

Nach zeitweise vielen schwierigen Situationen mit den umfangreichen und qualitativ anspruchsvollen Unterrichtsinhalten erhielt Abi seinen Meistertitel im Handwerk, den Bachelor Professional.

Geschichtliches Interesse und gesellschaftliches Engagement

Der ICE fuhr aus dem Wolfsburger Hauptbahnhof aus und nach nur einigen Kilometern Fahrstrecke verließen wir damit Niedersachsen und kamen nach Sachsen-Anhalt. In lockerer Abfolge waren nahe der Gleise größere meist braun verputzte und schlicht wirkende Gebäude zu sehen. Die Gebäude wurden von Landwirten als Scheunen genutzt, wiesen jedoch einen anderen Baustil auf als zum Beispiel große Gebäude auf Bauernhöfen in Niedersachsen.

Dieser Baustil fiel Abi auf und er fragte, ob das eine Bauweise von landwirtschaftlich genutzten Gebäuden aus der DDR-Zeit sei. Und das war wirklich so. Die Gebäude waren vor der Wendezeit Bestandteil von landwirtschaftlichen Produktionsgemeinschaften, den LPGs, und sind teilweise heute noch entsprechend ihrer Bauweise in Nutzung.

Über sein Interesse an Architektur und Bauingenieurwesen hinaus befasste sich Abi immer wieder gerne mit der deutschen Geschichte, vor allem der Geschichte nach dem Zweiten Weltkrieg und somit mit dem geteilten und dann wiedervereinigten Deutschland. Das zeigte sich an seinen Äußerungen zu den Gebäuden aus der DDR-Zeit während unserer Zugfahrt erneut. Während seiner Berufsausbildung zum Maurergesellen gab es an der Bauhaus-

Schule Geschichts- und Gemeinschaftskundeunterricht. Dieser Unterricht wurde ergänzend zur fachlichen Ausbildung für angehende Handwerker gegeben und sollte den Berufsschulschülern den Erwerb von weiterer Allgemeinbildung ermöglichen. Gelegentlich hatte Abi in der Zeit Fragen aus dem Geschichtsunterricht zu unseren Treffen mitgebracht. Diese Fragen zielten zum Beispiel auf meine Erlebnisse aus der Phase der deutsch-deutschen Wiedervereinigung ab. Ich war überrascht, dass ihn solche Ereignisse interessierten, zumal sich gleichaltrige gebürtige Deutsche immer weniger mit dieser Phase der deutschen Geschichte befassten. Sein Interesse an Geschichte kam auch in einer ganz anderen Situation zum Vorschein.

In der Zeit der sogenannten deutschland- und europaweiten Flüchtlingswelle organisierten auch in Hildesheim Kirchengemeinden und vor allem verschiedene ehrenamtliche Initiativen und Vereine Veranstaltungen, um die neu angekommenen Menschen mit den Bürgern im Landkreis und in der Stadt zusammenzubringen und sich damit kennenzulernen. So fand in einem alten ehemaligen Kirchengebäude unweit vom Universitätsgelände in Hildesheim zu dieser Zeit ein in der regionalen Öffentlichkeit viel beachtetes großes Fest statt. In diesem alten Gebäude waren viele museale Musikinstrumente aus der ganzen Welt ausgestellt. Es war das Center for World Music der Universität Hildesheim.

Menschen aus offensichtlich verschiedensten Herkunftsländern und mit unterschiedlichstem kulturellem Hintergrund liefen auf das Center for World Music zu. Ob der unglaublich großen Anzahl von Menschen war es fast erlaubt zu sagen, Menschenmassen. Ein Gewirr vieler Sprachen war sehr laut zu hören. Überall um das Center for World Music waren kleine Stände aufgebaut, an denen Speisen und Getränke ausgegeben wurden. Im Gebäude mussten viele Besucher sogar stehen, da alle Sitzplätze schnell belegt waren. Ein interkultureller Verein aus Hildesheim hatte alle Flüchtlinge der Stadt und des Landkreises sowie deren ehrenamtliche Helfer zu einem Fest eingeladen.

Nach und nach sangen und tanzten auf der Bühne des ehemaligen Kirchengebäudes Menschen, die erst wenige Monate zuvor nach Deutschland geflüchtet waren. Durch diese Tänze und Gesänge versuchten die Flüchtlinge den Gästen ihre jeweilige Kultur ein wenig näherzubringen. Einige Darbietungen zeichneten sich von hoher Qualität aus. Insbesondere wurde ein syrischer Musikinstrumentenbauer, der auf einigen typisch arabischen Instrumenten spielte, die er sich aus dem Center for World Music ausleihen durfte, mit einem riesigen Applaus von den Gästen für seinen hervorragenden Beitrag von der Bühne verabschiedet.

Doch dann, als ein Beitrag aus Somalia vom durchführenden Verein angekündigt wurde, trat Abi plötzlich auf die Bühne. Mit keinem Wort hatte er im Vorfeld bei unseren Treffen einen Auftritt im Center for World Music erwähnt. Er griff beim Betreten der Bühne fast selbstverständlich zum Mikrofon und kündigte einen Vortrag zur somalischen Geschichte an, die auch Berührungspunkte zur deutschen Geschichte hat. Außerdem wollte er einige Fotos von den schönen Stränden in Somalia zeigen, die er als kleiner Junge als seinen großen Spielplatz angesehen hatte. In unaufgeregter Art trug er Geschichte und persönliche Erlebnisse auf Deutsch vor und zeigte unterstützend einige Dias, die auf der hell angestrichenen Innenwand des Kirchengebäudes gut zu erkennen waren. Gegen Ende seines Beitrages setzte er sich eine Schirmmütze auf. Er besaß viele solcher Mützen. Auf größere Entfernung war kaum zu erkennen, was auf der Schirmmütze aufgebracht war. Er hatte eine Mütze mit einer aufgestickten Deutschlandfahne aufgesetzt. Und das geschah nicht ohne Grund. In seinem Geschichtsvortrag verband er nun somalische und deutsche Geschichte. Abi schilderte im Überblick die Ereignisse, die sich 1977 im Mogadischu ereignet hatten. Ein deutsches Flugzeug namens Landshut der Fluggesellschaft Lufthansa war von Terroristen entführt worden. Vor Ort in Mogadischu befreiten deutsche Soldaten einer Spezialeinheit mithilfe der damaligen somalischen Regierung letztendlich die Passagiere. Die deutschen Gäste freuten sich, trotz der sehr dramatischen Ereignisse 1977 in Mogadischu, dass Abi eine Verbindung zwischen Somalia und Deutschland in seinem Vortrag hergestellt hatte. Im nächsten Teil seines Vortrages wurden Abi und seine somalischen Freunde, die sich nach und nach um die Bühne versammelt hatten, richtig lebendig. Abi spielte zu den Strandbildern aus Somalia einheimische Musik von einer CD ab und dabei fingen alle um die Bühne herum an zu tanzen. Abis Beitrag endete damit, dass er von der Bühne aus sagte, dass er sich in Deutschland sehr wohl fühle – aber auch vieles aus seiner afrikanischen Heimat vermisse. Vor allem unterstrich er, dass ihm seine Eltern fehlten. Zusammen mit seinen somalischen Freunden erhielt Abi ebenfalls viel Beifall von den Gästen.

In einer sich Abis Auftritt anschließenden Pause kam er gleich auf mich zu. Er hatte mich im Publikum irgendwie entdeckt. Um ihn herum waren ungefähr weitere zwanzig Somalier, mehrheitlich Frauen, die alle eine traditionelle Bekleidung für die Veranstaltung trugen. Es sah alles richtig festlich aus. Die Kleider waren farbenfroh. Und die Gesichter aller strahlten. Stolz stellte Abi mir seine umstehende somalische Begleitung namentlich einzeln vor. Ganz nebenbei erfuhr ich dabei, dass Abi erst am vorhergehenden späten Abend die Rolle des Vortragenden übernommen hatte und einen Großteil des Beitrages noch selbst erarbeiten musste. Der ursprünglich eingeplante somalische Redner hatte kurzfristig abgesagt. Er hatte sich nicht zugetraut, vor einer so großen Zuhörerschaft seinen Beitrag frei und vor allem komplett in deutscher Sprache abzuliefern. Also war Abi kurzerhand eingesprungen. Irgendwie konnte der Eindruck entstehen, Abi sei eine Art Sprecher oder gar Bürgermeister der Flüchtlinge aus Somalia im Raum Hildesheim. Und in der Tat konkretisierte und institutionalisierte sich dieser Eindruck ein paar Jahre später.

In Hildesheim kam es in dieser Zeit zu einigen neuen Vereinsgründungen von Menschen, die nach Deutschland geflohen waren. Einige dieser Vereine stellten die Pflege ihrer mitgebrachten kulturellen Bräuche in den Mittelpunkt. Andere wiederum wollten sich ausgehend vom Vereinsleben gegenseitig helfen und unterstützen, um sich in Deutschland, konkret in Hildesheim, schrittweise zurechtzufinden und in der neuen Umgebung einzuleben. Eine solche Gründung gab es auch von den aus Somalia geflüchteten Menschen.

Abi wurde zum Vorsitzenden des neu gegründeten Vereins gewählt. Irgendwie war er damit fast so etwas wie ein Gemeindebürgermeister. In einigen Gesprächen ließ er hin und wieder durchblicken, dass die Probleme und Konflikte, die es zwischen den unterschiedlichen Clans in Somalia gab, sich nun auch leider im Vereinsleben in Hildesheim zeigten. Auf die Frage hin, wie er als Vorsitzender des Vereins mit solchen Situationen umgehe, schilderte er, dass er dann immer betonte, dass jetzt alle in Deutschland lebten und alte aus Afrika mitgebrachte Clanprobleme niemandem bei einem Neubeginn in Hildesheim helfen würden. Abi war aber auch sehr froh, dass es einige ehrenamtlich tätige Juristen in Hildesheim gab, die allen Vereinsgründern Unterstützung anboten, die formale Gründung aufzusetzen. Ohne Hilfe von engagierten und mit dem Vereinsrecht vertrauten ehrenamtlich arbeitenden Hildesheimern wäre die Gründung des Vereins für Abi alleine nicht möglich gewesen. Immer wieder beschrieb Abi, wie sich das Vereinsleben ausgestaltete. So erklärten Mitglieder zum Beispiel neuen aus Somalia ankommenden Flüchtlingen, wie in Deutschland die Mülltrennung organisiert – oder auch wie der öffentliche Nahverkehr geregelt war. Abi selbst begleitete immer wieder mal erkrankte Vereinsmitglieder zu Krankenhausterminen und versuchte dabei zu dolmetschen.

Zu einem der Vereinstreffen lud mich Abi in der Folgezeit ein. Es war eine jährliche Hauptversammlung des von ihm geführten Vereins. Die Veranstaltung fand in einem städtischen Flüchtlingsheim unweit vom Hildesheimer Hauptbahnhof statt. Auf dem kleinen Hof vor dem Hauptgebäude des

Flüchtlingsheimes spielte eine Reihe von Kindern, Jungs und Mädchen. Die Kinder waren aus unterschiedlichen Herkunftsländern. Interessant war selbst beim Queren des Hofes festzustellen, dass die Kinder sich einzelne Worte auf Deutsch zuriefen. Vor allem tat sich ein Mädchen hervor, das laut „Tor“ rief als es beim Fußballspielen mit einem Schuss erfolgreich war. Deutsch war die einzige Sprache, die alle Kinder gemeinsam in Ansätzen verstanden. Um in den Veranstaltungsraum zu gelangen, mussten zunächst fünf Etagen im Treppenhaus überwunden werden. Dann schloss sich ein langer und verwinkelter Flur an. Dieser Flur war nicht beleuchtet, denn die Lampen waren ausgefallen. Somit war es fast stockfinster. Von diesem Gang aus konnten die einzelnen Flüchtlingswohnräume betreten werden, in denen teilweise bis zu sechs Menschen untergebracht waren. Trotz der defekten Beleuchtung saßen vor einigen der Räume Menschen, die sich wohl zeitweise ein wenig der räumlichen Enge in den jeweiligen Zimmern entziehen wollten. Das Durchlaufen des Flures barg somit einige Überraschungsmomente. Die dort sitzenden Menschen waren nicht gut zu erkennen. Es kam immer wieder aufgrund der Dunkelheit zu ungewollten Berührungen und gar Remplern.

Einige Meter vor dem Veranstaltungsraum war Abi bereits zu hören. Die Versammlung lief schon eine geraume Weile. Ich war erst zu einem späteren

Zeitpunkt geladen worden. Abi moderierte in dem Moment, als ich in den Raum trat, gerade einen weiteren Gast an. Eine Vertreterin eines Vereins, der Flüchtlingen insbesondere beim Berufseinstieg half, wollte soeben aufzeigen, welche Unterstützung den eingeladenen Gästen angeboten werden konnte. Es waren ungefähr 30 geflüchtete Somalier vor Ort – darunter eine einzige Frau. Abi stellte mich dann auch noch schnell vor. In der Folgezeit ergab sich ein zufällig gemeinsam improvisierter Vortrag mit Beiträgen von der eingeladenen Vereinsvertreterin, Abi – der auch immer wieder übersetzte – und mir. Eine unserer wesentlichen Aussagen des gemeinsamen Vortrages war es, dass das Erlernen der deutschen Sprache sehr wichtig und vorrangig sei, um eine Chance im Arbeitsleben zu haben. Überraschender- und auch enttäuschenderweise kam es nicht zu einer einzigen Rückfrage.

In der sich nach dem Vortrag anschließenden Pause verabschiedete sich die zusätzlich geladene Vertreterin des Vereins recht schnell und Abi kam auf mich zu. Er war ebenfalls sichtlich enttäuscht von seinen Vereinsmitgliedern. Er hatte sich mehr Interesse erhofft. Im Pausengespräch stellte sich zusätzlich noch heraus, dass Abi sogar viele der Teilnehmer persönlich mit seinem Auto in einer Art Shuttleservice abgeholt hatte. Ohne dieses Angebot einer Mitfahrgelegenheit wären kaum Zuhörer gekommen. Die Mehrheit der Vereinsmitglieder wohnte nicht – oder nicht mehr – in dem Flüchtlingsheim, in dem die Veranstaltung durchgeführt wurde. Die Stadt und der Landkreis hatten leer stehende Wohnungen im Umland angemietet und den Flüchtlingsfamilien zur Verfügung gestellt. Somit war es nicht immer leicht, aus dem Landkreis mit dem Bus in die nächste Stadt zu fahren. Die Fahrpläne boten oftmals zu wenige Fahrten an oder waren an Gemeindegrenzen zeitlich nicht gut aufeinander abgestimmt.

Abi war wirklich enttäuscht – ja fast inzwischen etwas traurig, dass es so wenig gezeigtes Interesse im Veranstaltungsraum gab. Doch es gab dann plötzlich zwei wunderbare Gesprächssituationen. Gegen Ende der Pause kamen drei Somalier auf Abi und mich zu.

Unter ihnen war auch die einzige Frau, die an der Versammlung teilgenommen hatte. Die mitzwanzigjährige Frau ergriff auch gleich das Wort, bevor die beiden anderen sprechen konnten. Voller Energie sprudelte sie los und bedankte sich auf Deutsch in Richtung Abi und mir für die aufgezeigten Informationen und vor allem für das vermittelte Gefühl, dass es in Deutschland die Möglichkeit gebe, etwas zu lernen. Ich fragte, was sie denn in Deutschland lernen möchte und welche Ziele sie habe. Sofort kam die Antwort von ihr. Sie wollte Menschen helfen und deshalb Arzthelferin oder Krankenschwester werden. Es stellte sich im Gespräch auch heraus, dass sie an der regionalen Volkshochschule Kurse besuchte, die zum deutschen Hauptschulabschluss führten. Den Schulabschluss sollten sie schon in wenigen Wochen haben. Abi und ich wollten wissen, wie wir sie unterstützen könnten. Auch jetzt kam sofort eine klare Antwort. Sie wollte wissen, wo sie sich bewerben oder gar gleich vorstellen könne. Das Pausengespräch entwickelte eine richtige Dynamik. Abi und ich hatten zeitgleich plötzlich eine Idee: die Hausarztpraxis von Herrn Dr. Sonnen.

Die Arztpraxis war am Ende der Hildesheimer Fußgängerzone gleich gegenüber vom Hauptbahnhof gelegen. Das Praxisteam von Herrn Dr. Sonnen war unter den aus dem Ausland zugezogenen Menschen eine sehr beliebte Adresse. Herr Dr. Sonnen hatte in seinem Team Mitarbeiterinnen, die gebürtig aus Afrika oder dem arabischen Sprachraum kamen. Diese Sprachkenntnisse der Mitarbeiterinnen vereinfachten oftmals die Patientengespräche für Herrn Dr. Sonnen und schafften Vertrauen im Zusammenwirken von Patienten und Arzt. In seiner Praxis sollte sich die junge Somalierin bewerben. Fast jedes Jahr bot Herr Dr. Sonnen Ausbildungsplätze in seiner Praxis an. Ich fragte die junge Frau, ob ich bei Herrn Dr. Sonnen anrufen und mich für sie nach einer Einstellungsmöglichkeit erkundigen solle. Sie verneinte das. Gleich in der nächsten Woche wolle sie selbst in der Praxis vorbeigehen und sich bewerben. Schon bei Abi hatte ich ja gute Erfahrungen damit gemacht, wenn junge Flüchtlinge sich direkt vor Ort bei einem potenziellen Arbeitgeber bzw. Ausbildungsplatzanbieter meldeten. Somit boten Abi und ich an, dass sie sich gerne in den nächsten Tagen melden könne, falls sie doch noch Unterstützung benötigte.

Nach fast zwei Wochen rief die junge Somalierin an. Sie hatte sich nur wenige Tage später in der Praxis beworben und zunächst ein Schnupperpraktikum, eine Art Hospitation, zugesagt bekommen. Ein paar Monate später erfuhr ich über Abi, dass die junge Frau eine Ausbildung zur Arzthelferin, also zur medizinisch-technischen Fachangestellten, begonnen hatte.

Die beiden anderen Somalier warteten in aller Ruhe, bis das Gespräch mit der jungen Landsfrau beendet war. Nun waren sie an der Reihe und der ältere der beiden schob den jungen Somalier etwas nach vorne. Offensichtlich handelte es sich um Vater und Sohn. In gebrochenem Deutsch rief uns der Vater zu, dass sein Sohn irgendetwas mit Informatik machen wolle. Dann übernahm der Sohn das Wort und unterstrich ohne Umschweife, dass er keine Lust mehr auf Schule hätte. Er wolle jetzt den Hauptschulabschluss ablegen und dann nie wieder etwas mit Schule zu tun haben. Etwas überrascht, fast schon irritiert, schauten Abi und ich uns an. Wie passte einerseits der Wunsch, Informatiker zu werden, und andererseits die Abneigung gegen eine Schulausbildung zusammen? In der Folge stellte sich heraus, dass der junge Somalier den Schulunterricht als ein enges Korsett empfand und vor allem viele Dinge lernen musste, die ihn nicht interessierten. Der Hinweis von mir, dass die Schulausbildung die Grundlage für eine gute Ausbildung für angehende Informatiker sei, führte nur zu Schweigen. Der Vater, der an der Zukunft seines Sohnes in Deutschland Interesse hatte, unterbrach kurz und fragte, ob wir helfen könnten. Das Gespräch verlief in der Phase zäh. Dann versuchte ich herauszufinden, inwieweit bei dem jungen Mann Vorkenntnisse in Programmiersprachen vorlagen. Irgendwann griff der junge Somalier in seine Hosentaschen und zog sein Smartphone heraus. Er rief eine Internetseite auf und sagte nur kurz, das sei sein im Entstehen befindlicher Internetauftritt, den er selbst gerade programmierte. Es wurde mir klar, dass die üblichen Hinweise auf mögliche Ausbildungs- und Studiengänge nicht weiterhelfen. Die Notwendigkeit eines Abiturs hatte ich gar nicht mehr erwähnt. Hilfestellung oder zumindest einige Hinweise wollte ich beiden Somaliern geben. Das bemerkte auch Abi. Er sagte mir dann, dass ich ihm vor einiger Zeit berichtet hätte, dass es in Wolfsburg eine Akademie geben würde, die jedem Interessierten die Möglichkeit bieten würde, eine Informatikausbildung zu durchlaufen, ohne einen formal hochwertigen Schulabschluss als Zugangsberechtigung vorweisen zu müssen. Abi hatte recht. Mir fiel wieder die private Akademie 42 Wolfsburg ein. Diese Akademie verfolgt ein Konzept, bei dem die Studierenden sich umfangreich selbst organisieren müssen. Der Lernstoff ist wenig vorgegeben und es gibt auch keine Lehrer oder Dozenten im herkömmlichen Sinne. Anhand von Projekten sollen sich die eingeschriebenen Studierenden zur Erreichung der Projektziele selbst das notwendige Wissen aneignen und dann eine Projektumsetzung vornehmen. Mentoren begleiten sie dabei bei Bedarf. Die Studierenden, die sich an der Akademie 42 Wolfsburg bewerben, müssen sich zu Beginn ihrer Ausbildung einem Eignungstest unterziehen, der in erster Linie ihre Motivation und ihre Fähigkeit des Selbstlernens abprüft. Studierende, die aufgenommen werden, nehmen dann an dieser Ausbildung gebührenfrei teil. Das neuartige sogenannte Konzept 42 wurde bereits in anderen Städten international aufgesetzt und brachte bereits immer wieder gut qualifizierte Menschen hervor.

Ich bat den jungen Somalier, dass er mir sein Smartphone geben und entsperren solle. Er gab es mir ein wenig zögerlich. Ich rief die Homepage der Akademie 42 Wolfsburg auf und sagte ihm, dass er sich die Informationen gut durchlesen solle. Das wäre eine Chance für ihn. Er schaute erst mich, dann Abi ruhig, fast prüfend, an. Dann begann er noch in unserem Beisein, die aufgerufene Internetseite zu sichten. Alsdann ging er, ohne auch nur ein Wort zu sagen, langsam in den Veranstaltungsraum zurück. Dabei las er offensichtlich die weiteren Informationen zu der Akademie 42 Wolfsburg durch. An der Tür zum Veranstaltungsraum angekommen nickte er nur einmal in unsere Richtung zurück. Sein Vater, der weiterhin neben uns stand, bedankte sich auf Deutsch und fügte in seiner Muttersprache an Abi gewandt einige weitere Ausführungen hinzu. Abi übersetzte für mich. Der Vater wollte nochmals Danke sagen und hatte den Eindruck, dass sein Sohn mit dem erhaltenen Tipp offenbar sehr zufrieden war. Weder Abi noch ich hatten nach diesem Gespräch jemals von den beiden wieder etwas gehört.

Bevor die Mitgliederveranstaltung weiterging, verabschiedete auch ich mich von Abi.

In Berlin … und weiter

Nach einem sehr kurzen Stopp in Spandau fuhr der ICE weiter Richtung Berlin Hauptbahnhof. Nach und nach waren einige der Wahrzeichen von Berlin bereits zu erkennen. Mit der Einfahrt in den riesigen Berliner Hauptbahnhof mit seiner von Glas geprägten Architektur und der Vielzahl an unterschiedlichsten Menschen auf den Gleisen und Rolltreppen sowie in den Fahrstühlen entstand ein Gefühl, in einer weltoffenen und untereinander vernetzten Gesellschaft angekommen zu sein. Fast zeitgleich wusste außerdem jeder Ankommende, dass sich nur wenige Meter vom Hauptbahnhof entfernt – im übertragenen Sinne die Herzkammer – das politische Zentrum Deutschlands befand. Vom Vorplatz des Hauptbahnhofes waren unter anderem das Bundeskanzleramt, der Reichstag, aber auch die Spree als ehemalige innerdeutsche und innerberlinerische Grenze zu erblicken.

Als Abi mir vor Jahren einmal erzählte, wie seine ersten Eindrücke von der Ausländerbehörde des Landkreises in Hildesheim nach seiner Ankunft gewesen waren, sprach er zunächst nur von einem langen grauen Gang in einem großen Bürogebäude, in dem ihm nicht ersichtlich war, was nun von ihm verlangt bzw. was mit ihm hinter den verschlossenen Türen in den jeweiligen Büroräumen passieren würde. Der graue Gang im Behördengebäude fühlte sich für Abi nach einer weiteren schwer überwindbaren Grenze oder gar Mauer an. Offenheit vermittelte die Gebäude- und Innenarchitektur der Hildesheimer Ausländerbehörde selbst für Einheimische nur sehr eingeschränkt. Eher reflexmäßig reagierte Abi offensichtlich in der ersten Zeit in Hildesheim immer wieder auf die für ihn neuen Situationen bei Behörden – oftmals bei Befragungen und Anhörungen. Klarheit und Verständnis rund um die einzelnen Schritte hin zu einer Aufenthaltsgenehmigung in Deutschland entstanden erst unter Einbindung und im Zusammenwirken mit einem regionalen Asylhilfeverein. Die Ehrenamtlichen dieses Vereins erläuterten Abi immer wieder die einzelnen formalen und teils sehr bürokratischen Schritte in der Behörde. Bei unseren Treffen diskutierten wir oftmals die Informationen und die neu eintretenden Situationen. So entstand auch seitens Abis über die Zeit langsam Vertrauen in die Arbeit der Ausländerbehörde und die Einsicht, gelegentlich Rechtsanwälte ergänzend einschalten zu müssen, um die Sachverhalte und -fragen im komplizierten Asylrecht Deutschlands richtig im Detail und im Kontext seiner persönlichen Lage zu bewerten.

Als Abi seine Aufenthaltsgenehmigung nach einigen Monaten erhalten hatte, kommentierte er das mit wenigen Worten. Er müsse in das letzte Zimmer des Ganges in der Ausländerbehörde kommen, so seine Aussage – sein sehnlichster Wunsch. Er hatte mitbekommen, dass im Zimmer am Ende des Ganges die Einbürgerungsurkunden überreicht wurden. Später, als er auch einige deutsche Redewendungen gelernt hatte, sprach er davon, dass das Empfinden vor Ort in der Ausländerbehörde einem langsamen Mahlen von Mühlen ähnelte. Der ankommende Flüchtling musste in jedem Zimmer im übertragenen Sinne gemahlen werden. Und am Ende, nach vielen kleinen Mahlvorgängen, war der neue Deutsche in einem anstrengenden Gesamtarbeitsvorgang fertig hergestellt und erhält sein Zertifikat, die Einbürgerungsurkunde. Die Einbürgerungsurkunde aus dem letzten Büro des langen Ganges.

Sechs Jahre nach seiner Ankunft in Hildesheim entschloss sich Abi, zu Frau Kalt in die Ausländerbehörde zu gehen. Er wollte die deutsche Staatsbürgerschaft beantragen. Das Büro von Frau Kalt war das vorletzte Zimmer auf dem langen Gang in der Ausländerbehörde. Abi bat mich, den ersten Termin mit Frau Kalt zu begleiten. Frau Kalt hatte bei vielen Flüchtlingen den Ruf, es jedem Antragsteller auf die deutsche Staatsbürgerschaft schwer zu machen. Als ich Frau Kalt in ihrem Büro hinter ihrem Schreibtisch sitzen sah, erinnerte sie mich an eine ältere, etwas verbissene Lateinlehrerin aus meiner Schulzeit. Jede Information und jede Aussage mussten Abi und ich Frau Kalt abringen. Im Gespräch stellte sich dann heraus, dass Abi grundsätzlich alle Voraussetzungen erfüllte, um die deutsche

Staatsbürgerschaft zu erlangen. Vor allem die regelmäßigen nachweisbaren Gehaltseinkünfte und das korrekte Einreichen einer jährlichen Steuererklärung waren für Frau Kalt besonders wichtig. Dann kam es im Termin jedoch zu einem sehr besonderen, wenn nicht fast fragwürdig erscheinenden Moment. Einhergehend mit der Beantragung der deutschen Staatsbürgerschaft musste im juristischen Sinne die Identität von Abi geklärt sein. Da Abi aber keine Ausweise oder vergleichbare Dokumente aus Somalia vorlegen und damit nicht belegen konnte, dass er derjenige war, der er vorgab zu sein, wollte Frau Kalt den Gesprächstermin abbrechen. Abi bot an, er würde versuchen, sich von der Botschaft Somalias die erforderlichen Unterlagen zu besorgen. Erneut wollte Frau Kalt das Gespräch beenden, indem sie zum einem kurz angebunden meinte, dass Dokumente aus Somalia und auch aus der somalischen Botschaft von den deutschen Behörden nicht anerkannt würden. Zum anderen könne sich Abi die fünfzig Euro sowieso sparen, also die Bearbeitungsgebühr für die Beantragung der deutschen Staatsbürgerschaft, wenn er jetzt das Büro von ihr einfach verlassen würde. Fast zeitgleich beharrten Abi und ich darauf, die Einbürgerung trotz dieser Hinweise zu beantragen und nun endlich einen offiziellen Vorgang anzulegen. Im Raum stand allerdings die Frage, wie Abi seine Identität belegen konnte, wenn die Dokumente von der somalischen Botschaft, die dieses beweisen könnten, nicht in Deutschland anerkannt würden.

Frau Kalt wies auf die Bürotür, um uns zu signalisieren, dass sie mit uns nun fertig sei und wir jetzt endlich gehen sollten. Wodurch auch immer motiviert, möglicherweise durch das beharrliche Auftreten von Abi und mir ausgelöst, sagte Frau Kalt überraschenderweise klar und ohne viele zusätzliche Worte zu uns beim Aufstehen, dass wir uns mit der Möglichkeit einer verwaltungsrechtlichen sogenannten Annäherung an eine Identität befassen und am besten dazu gleich einen erfahrenen gut qualifizierten Fachanwalt einschalten sollten. Und im nächsten Augenblick standen wir schon auf dem Flur, auf dem langen grauen Gang. Frau Kalt hatte uns einfach unter Einsatz ihrer Hände rausgeschoben.

Dabei verabschiedete sich Abi trotz allem irgendwie auffallend freundlich bei Frau Kalt und bedankte sich kurz insbesondere für die zusätzlichen erhaltenen Hinweise. Den Grund dieser Freundlichkeit nannte er mir vor dem Gebäude. Er hatte nämlich bemerkt, dass ich über seine gezeigte Freundlichkeit gegenüber Frau Kalt etwas verwundert war. Abi hatte allerdings den Eindruck gewonnen, dass vor ihm noch eine Reihe von Gesprächen mit Frau Kalt liegen würde, und er müsse einfach einen etwas persönlicheren Zugang zu ihr finden. Nur so könne er am Ende den letzten Schritt in das letzte

Büro am Ende des Ganges gehen und damit deutscher Staatsbürger werden.

Wenige Tage nach dem Termin bei Frau Kalt ging Abi erneut zu dem regionalen Asylhilfeverein, der ihm bereits seit seiner Ankunft in Hildesheim immer wieder sehr geholfen hatte. Dabei bestätigte sich, dass es für somalische Flüchtlinge sehr schwierig war, die deutsche Staatsbürgerschaft zu erlangen. Die Problematik der Klärung der Identität des jeweiligen Flüchtlings im Zusammenhang mit der Tatsache, dass somalische Dokumente in Deutschland oft nicht anerkannt würden, bestätigte der Asylhilfeverein. Abi müsste möglichst viele Indikationen geben und Hinweise vorlegen, um die Wahrscheinlichkeit bei der Bewertung des Antrages zu erhöhen, dass ihm geglaubt würde, dass er wirklich der sei, der er sagte, zu sein. Letztendlich vermittelte der Verein einen Fachanwalt, der Abi fortan eng begleitete. Immer wieder gab es Verzögerungen, bis auf die Schreiben des Fachanwaltes Antworten erfolgten. Diese langen Wartezeiten, Zeiten auch der Unsicherheit, ob Deutschland wirklich dauerhaft Abis Zukunft bedeute, führten bei Abi zu vielen Momenten des Frusts. Das von ihm benutzte Bild der langsam mahlenden Mühlen zeigte ich ihm dann in solchen Phasen auf. Und immer wieder musste Abi in dieser Zeit zu Frau Kalt und dabei belegen, dass er weiterhin regelmäßige

Einkünfte aus seiner Tätigkeit bei der Baufirma Caberu bezog. Abi betonte mir gegenüber, dass er sich bei diesen Terminen immer sehr freundlich verhielt und sogar versuchte, etwas Small Talk mit Frau Kalt zu machen.

Eines Tages war es dann – inzwischen fast wie ein Wunder aus Sicht von Abi – wirklich so weit. Frau Kalt teilte Abi kurz und knapp in einem Gespräch mit, dass sein Antrag abschließend positiv entschieden worden sei und er die Einbürgerungsurkunde in den nächsten Wochen zugeschickt bekommen würde. Abi konnte es kaum glauben. Alternativ sagte Frau Kalt, könne er in den nächsten Tagen in das benachbarte Büro, das letzte Büro auf dem langen grauen Gang, gehen und sich die Urkunde persönlich abholen. Jedoch müsse er sich im Vorfeld einen Termin geben lassen, da die Kollegin von nebenan derzeit wegen der Corona-Pandemie viel im Homeoffice arbeite und nur tageweise in ihr eigentliches Büro komme. Wegen der Pandemie und der damit einhergehenden Verordnungen zum Infektionsschutz stellte sich alsbald heraus, dass es auch keine feierliche Übergabe der Einbürgerungsurkunden für neu eingebürgerte Deutsche im Rathaus zu Hildesheim im Beisein des Oberbürgermeisters geben sollte. Abi wollte sich die Ernennungsurkunde persönlich abholen und ließ sich gleich nach dem Verlassen des Büros von Frau Kalt einen Termin im Foyer geben, um in das letzte Zimmer zu kommen.

Wenige Tage später erhielt ich eine WhatsApp-Nachricht von Abi. Auf dem mitversandten Foto war Abi zu sehen, der seine Einbürgerungsurkunde in der Hand hochhielt. Die Mitarbeiterin der Ausländerbehörde im letzten Büro hatte das Foto mit Abis Handy aufgenommen. Einerseits eine Dokumentation eines abgeschlossenen Behördenvorganges, anderseits pure Freude bei Abi, endlich in Deutschland angekommen zu sein. Ich rief Abi an und er sprudelte sofort los. Er schrie fast ins Telefon, dass es trotz der coronabedingten Rahmenbedingungen ein wunderbarer Moment für ihn sei. Und darüber hinaus war die freundliche Mitarbeiterin in der Ausländerbehörde, die Abi seine Einbürgerungsurkunde im letzten Büro des Ganges überreichte, eine Bekannte, die er bereits schon einmal vor einigen Jahren getroffen hatte. Es stellte sich heraus, dass diese Mitarbeiterin am Tag seiner Ankunft im Erstaufnahmelager in Braunschweig seine Daten aufgenommen hatte. Jetzt, nach mehreren Jahren und beruflichen Veränderungen, war es genau diese Frau, die ihn nochmals in Deutschland, jetzt mit der Ernennungsurkunde für die deutsche Staatsbürgerschaft, willkommen hieß.

Vom Berliner Hauptbahnhof kommend gingen wir über die Spree auf das Kanzleramt zu. Die ersten Schritte in das gemeinsame Wochenende in Berlin als deutsche Touristen. Ich fragte Abi dabei beiläufig, ob er sich bereits Gedanken gemacht habe, für welche Partei er denn bei der anstehenden Bundestagswahl im September stimmen wolle. Diesmal gehe es auch um die Nachfolge von Kanzlerin Angela Merkel, unterstrich ich. Er grinste nur etwas verschmitzt und antworte, dass es in Deutschland das Recht auf geheime Wahlen gibt.

Langsam liefen wir an den Tagungsgebäuden der bundesdeutschen Parlamentsabgeordneten entlang und um den Reichstag herum und konnten dabei bereits das Brandenburger Tor erblicken. In der Ferne zeigten sich die Facetten der Hochhäuser des Potsdamer Platzes. Am Potsdamer Platz hatte ich unsere beiden Zimmer in einem Hotel für das anstehende Wochenende in Berlin reserviert. Regelrecht ummantelt von den vielen Stadtgeräuschen Berlins war Abi in diesem Moment allerdings still, gar tief in sich gekehrt – fast wie komplett abwesend. Ich wollte wissen, was mit ihm los sei und woran er in diesem Augenblick denke. Abi antwortete ganz ruhig formulierend: „Vielleicht fahre ich eines Tages als Bauingenieur oder Architekt zu meinen Eltern nach Afrika. Jederzeit kann ich jetzt nach Afrika, meine erste Heimat, reisen und jederzeit kann ich nach Deutschland, in meine wunderbare zweite Heimat, zurückkommen."

Zum Autor

Dr. Bernd Brehm, geboren 1967 in Wolfsburg.

Bernd Brehm wuchs in Wolfsburg auf und besuchte bis zum Abitur das dortige Ratsgymnasium. Im Anschluss studierte er an der Universität Göttingen Betriebswirtschaftslehre und promovierte an der Universität Kassel in einem Forschungsgebiet der Wirtschaftsinformatik.

Mit Abschluss seiner universitären Ausbildung und Tätigkeit folgten in Linien- und Projektverantwortung im IT-Management über Jahre hinweg berufliche Stationen bei mehreren Privatbanken und in IT-Systemhäusern der Finanzdienstleistungsbranche in Frankfurt am Main und in Hannover. Durch zeitgleiche Lehrtätigkeiten an verschiedenen Hochschulen und Universitäten blieb Bernd Brehm der akademischen Lehre weiterhin verbunden.

Parallel zum beruflichen Werdegang engagiert sich Bernd Brehm ehrenamtlich auch im Naturschutz und immer wieder als Betreuer von Flüchtlingen.

Vor diesem Hintergrund ist die Erzählung „Somalia – Deutschland: Hurra, hurra, wir fahren nach Berlin“ entstanden. Abi und Bernd lernten sich in Hildesheim kennen …

Zur Hauptperson

Abi als Hauptcharakter der Erzählung „Somalia – Deutschland: Hurra, hurra, wir fahren nach Berlin“ lehnt sich unter anderem an den Lebensweg und beruflichen Werdegang eines in Somalia geborenen jungen Mannes an.

Abi hat Afrika mit Anfang zwanzig als Flüchtling im Jahr 2013 verlassen. Nach seiner Flucht nach Deutschland kam er nach Hildesheim. Schrittweise lernte er Deutsch und besuchte zunächst eine Berufseinstiegsklasse. Es schlossen sich eine erfolgreiche Ausbildung im Baugewerbe mit Abschluss zum Gesellen und der Besuch des Meisterkurses an. Abi, inzwischen deutscher Staatsbürger, möchte in naher Zukunft das Studium zum Bauingenieur aufnehmen und eine Familie gründen.

Zeitgleich engagiert sich Abi ehrenamtlich in der Flüchtlingshilfe. Er unterstützt in vielfacher Form Flüchtlinge beim Einleben in Deutschland.